Secrets

d'alcôve

Couverture
- Conception graphique:
  Patrick Bizier
- Illustration:
  (Image Bank)
  G & M David de Lossy

DISTRIBUTEURS EXCLUSIFS:

- Pour le Canada et les États-Unis:
  LES MESSAGERIES ADP*
  955, rue Amherst, Montréal H2L 3K4
  Tél.: (514) 523-1182
  Télécopieur: (514) 521-4434
  * Filiale de Sogides Ltée

- Pour la Belgique et le Luxembourg:
  PRESSES DE BELGIQUE S.A.
  Boulevard de l'Europe 117
  8-1301 Wavre
  Tél.: (10) 41-59-66
        (10) 41-78-50
  Télécopieur: (10) 41-20-24

- Pour la Suisse:
  TRANSAT S.A.
  Route du Grand-Lancy, 2, C.P. 125, 1211 Genève 26
  Tél.: (41-22) 42-77-40
  Télécopieur: (41-22) 43-46-46

- Pour la France et les autres pays:
  INTER FORUM
  13, rue de la Glacière, 75624 Paris Cédex 13
  Tél.: (33.1) 43.37.11.80
  Télécopieur: (33.1) 43.31.88.15
  Télex: 250055 Forum Paris

Iris et Steven Finz

Secrets d'alcôve

L'univers des fantasmes érotiques

LES ÉDITIONS DE L'HOMME

Données de catalogage avant publication (Canada)

Finz, Iris

   Secrets d'alcôve: univers des fantasmes
érotiques
    Traduction de: Whispered secrets.

   ISBN 2-7619-1019-2

   1. Fantasmes sexuels. 2. Éducation sexuelle. 3.
Vie sexuelle. I. Finz, Steve. II. Titre.

HQ21.F5614 1992 306.77   C92-096480-X

© 1990, Iris et Steven Finz

© 1992, Les Éditions de l'Homme,
une division du groupe Sogides,
pour la traduction française

L'ouvrage original américain a été publié par Signet (NAL Books),
une division de Penguin Books USA Inc.
sous le titre *Whispered Secrets*
(ISBN 0-451-16401-6)

Dépôt légal: 2e trimestre 1992
Bibliothèque nationale du Québec

ISBN 2-7619-1019-2

À l'amour et au plaisir sexuel...
puisque l'un ne va pas sans l'autre.

LE PLAISIR SEXUEL,
JEU DE L'ESPRIT PLUTÔT QU'EXERCICE PHYSIQUE

Les couples dont vous lirez les témoignages dans cet ouvrage nous dévoilent en toute franchise les fantasmes érotiques qu'ils ont créés et auxquels ils ont recours pour atteindre l'épanouissement sexuel dont beaucoup de gens se contentent de rêver. Ces techniques érotiques vous apprendront à faire appel à votre imagination pour ajouter à votre vie sexuelle la dimension voluptueuse qui stimulera et comblera votre appétit sexuel. Ce livre démontre avec éclat qu'il n'y a rien que deux êtres n'aient le droit de faire, de dire ou de penser dans l'intimité de leur passion, pas plus qu'il n'existe de limites aux plaisirs qu'ils peuvent découvrir en donnant libre cours à leurs désirs les plus secrets et à leurs rêves les plus fous. L'introduction aux splendeurs de la créativité amoureuse qui va suivre saura sans aucun doute vous convaincre que votre zone érotique la plus sensible est votre esprit!

Introduction

Lorsque Iris et moi avons commencé à nous confier nos fantasmes, nous étions trop jeunes pour éprouver la moindre gêne. Nous avions tous deux quatorze ans (nous nous connaissions depuis deux ans) quand nous nous sommes lancés dans l'exploration de notre sexualité d'adolescents. D'emblée, les fantasmes ont pris une place importante dans nos jeux amoureux.

Un jour, alors que nous nous embrassions et que nous nous caressions dans un parc, Iris m'a chuchoté à l'oreille: «Nous sommes prisonniers et nos geôliers nous observent.

— Et ils ne nous libéreront que s'ils aiment le spectacle que nous allons leur offrir», ai-je ajouté.

Cet après-midi-là, nous ne nous sommes pas contentés de nous caresser: nous avons donné une représentation à un public imaginaire.

Cela se passait en 1957. Quatre ans plus tard, nous nous sommes enfuis de chez nous pour nous marier. Il y a donc plus de vingt-sept ans que nous vivons ensemble et, aujourd'hui encore, nos fantasmes continuent d'enrichir notre relation. Ces rêveries que nous nous chuchotons dans le secret de notre intimité nous ont permis de découvrir les multiples délices de l'érotisme, sans que jamais notre santé, notre sentiment de sécurité ou l'équilibre émotionnel de notre couple n'aient été menacés de quelque façon que ce soit.

Même si notre répertoire de fantasmes érotiques est extrêmement vaste, il nous arrive de temps à autre, lorsque nous faisons l'amour, de rejouer le tout premier. Bien entendu, au fil des années, il s'est étoffé; chaque fois, nous l'enjolivons, y ajoutons quelques détails. Tout comme nous, ce fantasme s'est raffiné. Chacun de nos ravisseurs imaginaires a pris un nom et un visage. Nous savons exactement ce que ces gens ont envie de voir et comment leur plaire assez pour qu'ils nous rendent notre liberté. Parfois, il arrive même que nos geôliers participent à nos ébats amoureux.

Au début, nous croyions être les seuls à échanger ainsi nos fantasmes dans l'intimité. Nous savons aujourd'hui qu'il n'en est rien. Nous avons en effet rencontré de nombreux couples qui, afin d'agrémenter leur vie sexuelle, jouent différents rôles, laissant libre cours à leur imagination et accordant à leurs fantasmes une place de choix dans leurs jeux érotiques. La plupart tiennent ces jeux secrets et ne se doutent pas que d'autres couples s'y livrent également. N'eût été notre activité professionnelle, nous aurions continué à ignorer ces réalités.

Afin de payer mes études de droit, Iris et moi avons décidé, en 1968, d'écrire des romans érotiques. Nous en avons publié une centaine. La plupart du temps, nous avons bâti ces histoires sur des fantasmes que nous avons inventés ensemble.

Une fois mes études terminées, j'ai d'abord exercé la profession d'avocat. Parallèlement, Iris et moi avons continué à nous spécialiser dans la littérature érotique. Pendant qu'elle écrivait des œuvres de fiction, je publiais des articles sur le droit et la sexualité.

Quelques années plus tard, j'ai abandonné la pratique du droit pour me consacrer à l'enseignement. Actuellement, j'enseigne dans une université de San Diego, en Californie. Je suis également conférencier et je donne des cours privés d'un bout à l'autre des États-Unis pour le compte d'une entreprise qui offre des cours de perfectionnement à des diplômés en droit. Même si nous avons cessé d'écrire des romans érotiques lorsque j'ai commencé à enseigner le droit, nous n'avons pas pour autant perdu notre intérêt pour la sexualité. Ainsi, je donne fréquemment des conférences à des psychologues et à d'autres spécialistes de la santé mentale sur les aspects juridiques de la sexualité, ainsi qu'à des étudiants en droit sur les lois réglementant la pornographie.

En raison de ces diverses activités, les gens qui nous entourent ont tendance à nous considérer comme des experts en érotisme, des professionnels à qui l'on peut confier ses secrets les plus intimes. On nous a souvent abordés pour nous entretenir de sujets d'ordre sexuel. À mesure que les conversations devenaient plus intimes, nous étions surpris de constater que des tas d'autres couples avaient recours à la simulation et au fantasme lorsqu'ils faisaient l'amour. Au début, nous écoutions, tout à fait incrédules, ces révélations inattendues et force nous fut d'admettre que nous n'étions pas les seuls à nous livrer à ces jeux que nous croyions avoir inventés.

L'idée de constituer une anthologie des fantasmes sexuels ne nous est venue que plus tard. Nous avons donc commencé à rassembler les fantasmes de nos amis et connaissances. Avec leur permission, nous avons pris des notes et enregistré certaines de leurs confidences.

Nous nous sommes parfois heurtés à la résistance de certaines personnes qui craignaient que l'on ne se moque d'elles ou qui éprouvaient quelque gêne à admettre qu'elles avaient des fantasmes. En général, cependant, une fois que nous leur avions expliqué nos intentions, cette résistance se dissipait. Cet ouvrage traite des fantasmes de couples dont la vie sexuelle et amoureuse est réussie. Ces personnes n'ont aucune raison d'avoir honte: en parvenant à avoir une relation sexuelle harmonieuse, elles ont réussi là où beaucoup d'autres ont échoué.

Pour des raisons évidentes, nous avons préservé l'anonymat de ces personnes en leur attribuant des prénoms fictifs. Nous nous sommes également permis d'apporter des modifications mineures à leurs histoires afin d'éviter toute confusion. Les fantasmes relatés dans ce livre sont tous tirés de cas vécus.

1

Secrets d'alcôve

Dans son sens le plus large, le mot «fantasme» signifie «imagination», c'est-à-dire la faculté que possède l'esprit de se représenter des images. Comme les êtres humains sont les seules créatures vivant sur terre à être dotées d'un tel pouvoir, le fanstasme est une expérience purement humaine.

On constate l'importance de ce phénomène dans le domaine artistique. En effet, toute œuvre de fiction — que ce soit en littérature, au cinéma ou au théâtre — est le fruit de l'imagination de son auteur. Que nous allions au théâtre ou que nous lisions un roman, les fantasmes du créateur deviennent les nôtres.

Cependant, les fantasmes ne servent pas seulement à divertir. Le psychanalyste Theodor Reik assimile l'imagination à la curiosité, laissant entendre par là que nous fantasmons sur ce que nous aimerions connaître. Ainsi, lorsqu'un homme se demande quel plaisir il aurait à faire l'amour avec deux femmes, il y a de fortes chances pour qu'il se représente mentalement la scène. De la même manière, une femme qui se demande si son professeur de tennis ferait un bon amant s'imagine probablement qu'elle est dans ses bras.

À l'heure actuelle, les psychologues s'accordent pour dire que les fantasmes nous servent également à résoudre nos problèmes émotionnels. Une femme qui déteste son emploi, par exemple, peut tenter d'échapper à sa frustration en se réfugiant dans un monde imaginaire où règnent amour et liberté. Un homme qui a peur de son patron peut essayer de calmer son angoisse en s'imaginant à bord d'un voilier voguant vers la Polynésie. Pour atteindre l'orgasme, une personne seule peut se masturber en pensant à sa vedette de cinéma préférée.

Notre curiosité, nos frustrations, nos angoisses et nos besoins étant pour la plupart reliés à la sexualité, bon nombre de nos fantasmes sont d'ordre sexuel. Selon Freud, nous commençons à avoir des fantasmes sexuels dès le berceau, mais, lorsque nous atteignons l'âge adulte, la honte que nous en éprouvons nous oblige à en refouler le souvenir. Toutefois, ce n'est généralement pas le cas en ce qui concerne nos fantasmes d'adolescent. La plupart des hommes se souviennent d'avoir admiré la poitrine d'une enseignante, au collège, et d'avoir essayé d'imaginer la forme de ses seins sous son chemisier. De même, beaucoup de femmes se rappellent les rêveries érotiques qui ont peuplé leur adolescence, alors qu'elles fantasmaient sur des garçons plus âgés qu'elles.

La plupart d'entre nous en viennent donc à penser que les fantasmes n'appartiennent qu'à l'univers de l'adolescence. Alors que nous trouvons normal que les jeunes gens en aient et que nous avons la conviction qu'une imagination fertile les préparera mieux à la sensualité, nous avons tendance à croire qu'il est déplacé, pour un adulte, d'avoir des fantasmes. Nous allons parfois même jusqu'à réprouver ceux qui en ont. Nous avons généralement moins de considération pour un rêveur qui a «la tête dans les nuages» que pour une personne «dynamique» qui garde «les deux pieds sur terre». D'un adulte qui a trop d'imagination, nous disons qu'il bâtit des châteaux en Espagne, c'est-à-dire qu'il échafaude des projets chimériques. Autrement dit, nous pensons qu'un adulte «normal» ne doit pas avoir de fantasmes.

En fait, rien n'est plus faux. Tous les adultes ont des fantasmes, et sexuels en particulier. Certains psychanalystes affirment que les fantasmes érotiques sont les plus courants de tous les phénomènes sexuels. L'écart existant entre notre vraie sexualité et l'idée que nous nous faisons de ce qu'elle devrait être explique pourquoi tant de gens cachent leurs fantasmes sexuels à leur entourage et même, bien souvent, se les cachent à eux-même.

Nous feignons généralement d'ignorer qu'un film pornographique est projeté en permanence quelque part dans notre subconscient. Il arrive à l'occasion que certaines images osées s'immiscent à notre insu dans notre cerveau conscient. Ainsi, il peut arriver à un homme assis dans un autobus d'éprouver une envie passagère et inopportune qui l'oblige à croiser les jambes pour dissimuler une érection soudaine et involontaire. Dans les mêmes circonstances, une femme assise dans la salle d'attente d'un médecin peut cacher derrière un magazine le bout de ses seins.

La plupart du temps, les adultes se gardent bien de dévoiler leurs fantasmes sexuels. Un sondage publié récemment indique que 87 p. 100 des personnes qui avouent avoir des fantasmes croient que leur partenaire adopterait une attitude négative s'il le savait. Nancy Friday, qui a étudié à fond la question des fantasmes sexuels chez l'adulte, a publié trois ouvrages dans lesquels des personnes des deux sexes affirment être convaincues que si leur conjoint, leur maîtresse ou leur amant venait à découvrir leurs fantasmes, il en éprouverait du chagrin, de la colère, du désespoir ou de la rage.

Dans l'introduction de l'un de ses livres, Mme Friday donne en exemple une expérience qu'elle a elle-même vécue. Alors qu'elle était dans les bras d'un amant, elle s'imagina en train de faire l'amour avec un inconnu au beau milieu d'une partie de football. Son partenaire lui demanda alors à quoi elle pensait. Elle le lui dit. Alors il «sauta hors du lit, enfila son pantalon et disparut», écrit-elle.

De nombreuses personnes fantasment afin d'égayer une vie sexuelle décevante. Ainsi, certaines femmes doivent, pour atteindre l'orgasme, s'imaginer qu'elles sont dans les bras d'un amant idéal pendant que leur mari se démène maladroitement sur elles. Pour pallier la monotonie de leurs ébats amoureux, certains hommes mariés s'imaginent que de belles étrangères en costume d'Ève les caressent sur une plage alors que leur épouse reste complètement amorphe. Il ne leur viendrait même pas à l'idée de raconter leurs fantasmes à leur partenaire, car cela équivaudrait pour eux à exprimer leur insatisfaction.

Les fantasmes érotiques peuvent avoir d'autres aspects. De nombreux couples comblés ne craignent pas de partager leurs fantasmes et de les intégrer à leur vie amoureuse. Lorsqu'ils font l'amour, les deux partenaires se servent de leur imagination pour créer des scénarios qui attisent leur excitation. Au lieu de dissimuler amèrement leurs fantasmes dans la solitude de leur être, ils se murmurent à l'oreille de délicieux secrets. À mesure que leur sexualité évolue, ils peaufinent et enjolivent leurs fantasmes préférés. Ainsi, chacun apprend à connaître les situations imaginaires qui excitent l'autre et découvre par la même occasion que le fait d'en parler le stimule. De cette façon, les partenaires parviennent à utiliser conjointement leur imagination et à embellir la réalité plutôt qu'à la fuir.

Si l'un des partenaires a une envie secrète de faire l'amour avec un inconnu au cours d'une partie de football, tous deux satisfont ce désir ensemble. Ils inventent à deux l'inconnu et le stade, vivent en imagination cette infidélité sans avoir à quitter le lit conjugal. Une femme peut rêver qu'elle fait l'amour avec une autre femme ou avec dix hommes à la fois et partager ce fantasme avec son compagnon. Elle en tire ainsi du plaisir sans risque ni culpabilité. Un homme qui rêve de posséder un harem peut demander à sa compagne d'en imaginer un avec lui. Dans la mesure où il partage ses désirs avec elle, elle peut aider son conjoint à peupler son fantasme des femmes de ses rêves. Ils peuvent faire de leur jardin enchanté un secret bien gardé. Ce n'est que dans l'intimité de leur alcôve qu'ils se murmurent leurs secrets, jouissant du plaisir unique qui consiste à mettre leurs idées en commun.

Certains couples sont convaincus que les plaisirs qu'ils ont tirés de telles expériences leur ont permis de renforcer leurs liens. D'autres affirment même que, s'il ne leur avait pas été permis de tromper leur conjoint en imagination, ils l'auraient fait en réalité, détruisant ainsi leur union. D'autres encore ont l'impression que ces jeux imaginaires les ont tellement rapprochés qu'ils éprouvent moins de difficultés à résoudre les divers problèmes de leur vie conjugale.

Il est probable que certains lecteurs découvriront des significations profondes aux fantasmes racontés dans cet ouvrage: assoupissement de la libido, refoulement, etc. D'autres jugeront significatif le fait que davantage de femmes que d'hommes nous ont dévoilé leurs fantasmes. Laissons les analyses psychologiques et sociologiques aux spécialistes. En ce qui nous concerne, nous vous présentons ici une série de fantasmes érotiques que des couples heureux ne craignent pas de vivre ensemble afin d'enrichir et de stimuler leur sexualité. Si ces techniques sont efficaces pour eux, elles peuvent l'être pour vous.

Si vous et votre conjoint êtes prêts à tenter de nouvelles expériences et à vous découvrir des passions jusqu'alors ignorées, les fantasmes érotiques deviendront un outil qui vous mènera à l'épanouissement. Vous avez déjà une idée de ce qui excite votre partenaire et ce dernier a également une idée de ce qui vous stimule. Servez-vous de ces informations pour créer vos fantasmes communs. Puis mettez de côté vos inhibitions et laissez vos fantasmes évoluer par eux-mêmes. Vous apprendrez ainsi à mieux vous connaître et atteindrez de nouveaux sommets en matière d'épanouissement sexuel.

2

Oui! Souviens-toi!

Nos souvenirs sont parfois nos biens les plus précieux. Une fois formés, ils nous accompagnent jusqu'à la fin de nos jours. La plupart des psychologues s'entendent pour dire que, même si nous ne gardons pas le souvenir de tout ce qui nous arrive, nous n'oublions pour ainsi dire rien. Selon eux, notre mémoire est pareille à un entrepôt où est emmagasiné ce que nous voyons, entendons et éprouvons. Il arrive que nous refoulions les souvenirs désagréables ou menaçants, mais nous pouvons généralement nous rappeler les bons lorsque nous le désirons ou avons besoin d'eux pour une raison ou pour une autre.

Il est très réconfortant de penser que, quoi qu'il advienne de nos biens matériels, nous garderons toujours nos souvenirs. Lorsqu'il nous arrive un coup dur, nous pouvons parfois le surmonter en nous rappelant des événements heureux. Les souvenirs du passé ont toujours leur place dans notre vie présente, même si nous sommes heureux.

Chaque fois que nous nous réfugions dans l'univers de nos souvenirs, nous utilisons notre pouvoir d'imagination. Quand nous nous rappelons notre premier bal ou notre premier rendez-vous galant, nous voyons les images d'événements qui se sont déroulés dans le passé. Nous les vivons et les revivons en imagination. C'est la forme la plus fondamentale du fantasme.

Une enquête publiée récemment dans le *Journal of Sex Research* révèle que deux personnes sur trois fantasment en se remémorant des scènes érotiques qu'elles ont vécues. Au cours de nos propres recherches, nous nous sommes aperçus que la plupart de ces personnes ne se rendent même pas compte qu'elles fantasment. Ainsi, lorsque nous demandons à deux partenaires qui disent ne pas partager leurs fantasmes s'il leur arrive parfois de parler des expériences sexuelles qu'ils ont vécues dans le passé, la réponse est presque toujours positive.

Certains couples aiment se souvenir d'événements qui ont eu une grande importance dans l'évolution de leur relation. D'autres préfèrent se rappeler des ébats amoureux particulièrement érotiques ou ceux qui leur ont fait éprouver le plus de plaisir. Tous ont appris à rendre leurs souvenirs plus vivants, c'est-à-dire à revivre leurs jeux amoureux les plus excitants, à en embellir les détails et même à en ajouter de nouveaux. Pour ces couples, échanger des pensées érotiques est devenu une activité sexuelle en soi, et cette activité ajoute du piquant à leurs relations sexuelles.

Nous avons décidé de commencer cet ouvrage par les fantasmes tirés de souvenirs parce que ce sont les plus courants. S'il vous est arrivé de vous rappeler ensemble une expérience sexuelle que vous avez vécue, vous avez, peut-être sans le savoir, partagé un fantasme érotique. Si tel est le cas, bienvenue dans l'univers des secrets d'alcôve!

KAREN ET GILLES

Iris:

Lorsque nous étions adolescents, Steve et moi faisions partie d'un groupe d'amis qui se rencontraient plusieurs après-midi par semaine pour danser et pour regarder *American Bandstand* à la télévision. Comme il est de bon ton, à cet âge-là, de sortir avec quelqu'un, la plupart d'entre nous étaient en couple. Au cours de ces petites réunions, nous finissions toujours par nous peloter. Nous ne faisions rien d'autre que nous étreindre et nous embrasser; les caresses ne devenaient plus intimes que lorsque les partenaires se connaissaient mieux. Étant donné que nous étions six ou huit couples à nous peloter dans la même pièce, une certaine intimité s'était développée entre nous.

Certaines de ces amitiés perdurent aujourd'hui encore. Récemment, alors que Steve donnait une conférence dans une classe d'étudiants en droit, j'ai rencontré Karen, une de nos vieilles amies de l'époque. Karen et moi ne nous étions plus vues depuis plus de quinze ans, mais nous avions échangé quelques coups de fil et quelques lettres.

Nous sommes sorties de la salle de conférence et avons sauté dans un taxi pour nous rendre dans un restaurant chic de Manhattan. Tout en dégustant des mets raffinés et un vin merveilleux, Karen m'a mise au courant des derniers événements de sa vie privée et professionnelle. Puis je lui ai raconté que Steve et moi étions en train d'écrire un livre sur les fantasmes du couple.

«C'est fantastique!» s'est-elle écriée avec l'enthousiasme exubérant qui avait toujours été le sien. «Mais alors il faut absolument que vous parliez de Gilles et de moi! Ah! oui! absolument! Je veux dire qu'il faut que vous racontiez ce qui s'est passé la première fois où nous avons réellement fait l'amour. Il y a de cela plusieurs années, mais nous en parlons encore chaque fois que nous voulons être réellement excités...»

＊＊＊＊

Te souviens-tu de cette grande fête que Gloria avait organisée pour le réveillon du jour de l'An, quand nous étions en dernière année? Nous y étions allés, Gilles et moi, mais nous en étions partis presque aussitôt. Nous avions décidé de louer une chambre d'hôtel. Cette fête était l'alibi parfait: nos parents faisaient toujours un tas d'histoires pour que nous ne rentrions pas trop tard, mais là il n'y avait aucun problème parce qu'ils savaient que nous allions passer le réveillon chez Gloria. Nous leur avions dit que nous avions tous décidé de prendre le traversier de Staten Island le lendemain matin pour assister au lever du soleil, et que nous irions ensuite déjeuner quelque part. Par conséquent, ils ne devaient pas nous attendre avant midi le lendemain.

Tu te souviens comme on se pelotait à l'époque? Mon Dieu! nous étions capables de nous embrasser et de nous caresser pendant des heures! Gilles et moi avions presque tout fait ensemble, mais nous n'étions jamais allés jusqu'au bout. Et nous n'avions pas vraiment l'intention de le faire cette nuit-là. Mais nous étions tout de même terriblement excités à l'idée de dormir ensemble pour la première fois et de nous réveiller l'un près de l'autre.

Tout était planifié depuis une semaine. Gilles m'avait même acheté une alliance bon marché afin que le gérant de l'hôtel ne se doute de rien. Il avait apporté deux bouteilles de champagne et moi j'avais piqué de la nourriture chez Gloria. Nous étions prêts pour notre fête à nous.

La chambre d'hôtel était très belle, mais ce n'était pas cela qui nous intéressait. Dès que nous sommes arrivés, Gilles a ouvert une bouteille de champagne. Le punch à la vodka que nous avions bu chez Gloria nous avait déjà légèrement tourné la tête et nous étions excités à l'idée d'avoir une chambre d'hôtel pour nous seuls. Tandis que nous sirotions notre champagne dans les verres en plastique de l'hôtel, je me suis assise sur les genoux de Gilles et nous avons commencé à nous embrasser.

Tu sais comment cela se passait quand nous étions adolescents... Ça n'a pris que quelques minutes pour qu'il glisse sa main sous mon chemisier et me caresse les seins à travers mon soutien-gorge. Nous étions tellement habitués de nous peloter avec un tas de gens autour de nous qu'il nous a fallu un bon moment avant de prendre conscience que nous étions libres de faire ce que nous voulions. Je lui ai alors demandé: «Pourquoi ne me l'enlèves-tu pas?» Il l'a fait, déboutonnant mon chemisier d'une main et continuant à me caresser les seins de l'autre. Mes mamelons étaient si durs que j'avais l'impression qu'ils allaient transpercer mon soutien-gorge.

J'avais envie d'être complètement nue, alors je me suis levée et j'ai enlevé ma jupe. Lorsqu'il a vu que j'allais retirer mon jupon, Gilles m'a arrêtée; il voulait me regarder d'abord. Il s'est assis sur une chaise et m'a tout simplement dévorée des yeux pendant que je tournais sur moi-même.

Ce n'était pas la première fois qu'il me voyait en jupon et en soutien-gorge. Parfois, quand mes parents sortaient, nous flirtions chez moi, mais nous avions toujours peur que quelqu'un ne nous surprenne. Ce soir-là nous n'avions pas à avoir peur de quoi que ce soit. Nous savourions pleinement ce sentiment de liberté.

Au bout d'un moment j'ai enlevé mon jupon et je suis restée en soutien-gorge et en slip pendant que Gilles me mangeait des yeux. Mon slip était minuscule, couleur chair. Même si les poils de mon pubis sont blonds, je savais qu'il pouvait les voir au travers du tissu parce que, à la maison, je l'avais essayé à plusieurs reprises devant le miroir.

Il me regardait fixement et cela m'excitait énormément. Mais moi aussi je voulais le voir. Alors je lui ai demandé de se lever et de tout enlever, sauf ses sous-vêtements. Incroyable! Son pénis dressé était si dur qu'il étirait le tissu de son caleçon blanc, et ses testicules gonflés étaient terriblement excitants.

Nous nous sommes enlacés, nos deux corps collés l'un contre l'autre, pendant que sa langue s'enfonçait dans ma bouche. Comme il est plus grand que moi, je pouvais sentir son sexe pressé contre mon ventre. Je remuais un peu pour frotter mes seins contre sa poitrine.

Ses doigts tremblaient en dégrafant mon soutien-gorge. Depuis ce jour, il me suffit de penser à ce moment où il a fini par me l'enlever et où mes seins ont jailli pour ressentir une violente émotion. Il a lancé mon soutien-gorge par terre et s'est mis à remuer d'avant en arrière, caressant le bout de mes seins avec les poils de sa poitrine. Puis il a fait un pas en arrière et m'a regardée de haut en bas, comme si c'était la première fois qu'il me voyait. Il s'est penché en avant et a donné de petits coups de langue sur le bout de mes seins.

Lorsque j'ai glissé ma main dans son caleçon, j'ai été étonnée de sentir combien la peau de son pénis était chaude et douce. J'avais déjà touché son sexe, bien entendu, mais là ce n'était pas pareil. On aurait dit une créature vivante, palpitant et frémissant comme si elle avait une vie propre. Je voulais sentir son pénis contre ma peau, alors j'ai baissé son caleçon et lui ai demandé de m'enlever mon slip. Nous sommes restés encore un moment debout, frottant nos corps l'un contre l'autre. Le bout chaud et humide de son pénis laissait des traces mouillées sur mon ventre. Je sentais mon vagin se contracter, puis s'ouvrir. Tout à coup j'ai eu envie de le sentir en moi. Alors je lui ai dit: «On serait mieux si on se couchait sur le lit.»

Les rôles étaient différents à cette époque. Les garçons étaient censés respecter les filles; autrement dit, ils pouvaient les peloter et s'amuser autant qu'ils le voulaient, mais il ne devait pas y avoir pénétration. Nous nous étions déjà vus nus et il s'était déjà couché sur moi avec son pénis durci, mais nous n'avions jamais eu de vrais rapports sexuels. Il lui arrivait de temps en temps de frotter le bout de son pénis contre les poils de mon pubis et, plus d'une fois, il l'avait mis juste à l'entrée de mes lèvres. Mais il ne m'avait jamais pénétrée.

Je me suis étendue sur le lit en écartant largement les jambes afin qu'il puisse bien voir mon vagin ouvert. «Pourquoi ne mettrais-tu pas ton pénis en moi juste un petit peu? lui ai-je dit. Juste le bout.»

Gilles est devenu nerveux. Nous n'étions pas censés faire vraiment l'amour avant d'être mariés, ou du moins fiancés. Il a déclaré que c'était à lui qu'incombait la responsabilité de nous empêcher de faire une chose que nous regretterions le lendemain, puis il s'est remis à lécher le bout de mes seins, espérant que je ne parlerais plus de ça.

Mais je me suis glissée vers son pénis et, le prenant dans mes mains, je l'ai amené contre mes lèvres. Mon sexe était si mouillé que ce contact a produit un bruit de succion qui m'a excitée encore davantage. «Allez, vas-y, ai-je murmuré. Mets le bout de ton pénis dans mon vagin. Je ne te laisserai pas aller plus loin. Nous nous arrêterons quand tu atteindras mon hymen.»

Gilles n'était pas vraiment à l'aise, mais sa respiration bruyante me disait qu'il était trop excité pour être raisonnable. Alors, sans y consentir vraiment, il m'a laissée mettre le bout de son pénis bandé dans mon vagin. Je n'oublierai jamais ce que j'ai ressenti quand son sexe est entré en moi. Je n'avais jamais été aussi mouillée, et ça ne m'est plus jamais arrivé de l'être autant. Mais j'étais si étroite que j'ai eu l'impression d'être forcée. Son sexe me faisait l'impression d'être énorme.

Follement excitée, je me suis mise à soulever mes hanches pour qu'il entre plus profondément en moi. Mais ça lui a fait peur. Il s'est retiré comme s'il avait été brûlé au fer rouge. Je me suis alors sentie si vide que je l'ai supplié de revenir en moi. Il a essayé de refuser, mais il n'a pas pu.

Son pénis est entré plus facilement, cette fois. La membrane de mon vagin entourait complètement son sexe gonflé. Mais j'en voulais encore plus. Puis encore plus. Son merveilleux pénis me remplissait; je le voulais tout entier.

Gilles avait bandé les muscles de ses bras et de son dos pour pouvoir rester au-dessus de moi. Je décrivais des petits cercles avec mes hanches pour permettre à son pénis d'entrer plus facilement. Soudain, j'ai ressenti une douleur dans mon vagin, mais il me semblait qu'une seule chose pouvait la dissiper: qu'il entre plus profondément en moi. Alors je me suis soulevée vers lui. Mais il s'est retiré doucement, de peur de déchirer mon hymen.

En dépit de la douleur, je n'avais jamais rien ressenti d'aussi bon. Comme j'avais peur qu'il ne se retire de moi, j'ai projeté mon pelvis vers le haut, obligeant son pénis à pénétrer jusqu'au plus profond de moi. Nous nous sommes balancés ensemble au rythme de notre étreinte avant de réaliser l'un et l'autre que ma virginité n'était plus désormais qu'un souvenir. Une fois que nous avons pris conscience de cela, nous nous sommes complètement laissés aller.

Gilles a joui, bien sûr, mais pas moi. Il s'en est excusé, des larmes pleins les yeux. «Je ne voulais pas que ça se passe comme ça. Je voulais attendre que nous soyons mariés.»

J'étais à deux doigts de me mettre à pleurer moi aussi, d'une part parce que je venais de perdre ma virginité, et d'autre part parce que mon utérus me faisait souffrir. Mais, au lieu de cela, j'ai pris son pénis dans mes mains et me suis rendu compte qu'il était à nouveau tout dur. Alors, sans savoir ce que je faisais, je l'ai ramené vers moi et l'ai guidé encore une fois à l'intérieur de mon vagin.

Cette fois, Gilles n'a pas hésité. Il m'a pénétrée du premier coup, puis s'est arrêté pour permettre à mon vagin étroit de s'ajuster à son pénis. Instinctivement, nous nous sommes mis à bouger séparément, puis ensemble, de manière à ramener son pénis presque à l'entrée de mon vagin et à le replonger à nouveau au fond de moi. Le passage n'était plus aussi étroit. Nous avons continué ainsi jusqu'à ce que je sente l'orgasme arriver.

Gilles m'avait souvent fait jouir avec son doigt, mais je n'avais jamais éprouvé un plaisir semblable. C'était comme si des ondes partaient de mon ventre pour traverser mon corps tout entier. Avant de jouir je haletais si fort que, pendant un moment, j'ai cru que je ne serais plus jamais capable de reprendre ma respiration. Des vagues de plaisir déferlaient en moi, et mes cris suivaient le rythme des contractions de mon corps. Gilles a joui une deuxième fois, remplissant mon vagin de sa semence jusqu'à ce que cette dernière forme une petite flaque sur le couvre-lit.

Un an plus tard, nous étions mariés. Notre vie sexuelle est pleinement satisfaisante, mais cette première nuit reste la meilleure. De temps en temps, lorsque nous voulons revivre ce moment, nous commençons à en parler pendant que nous nous déshabillons. Alors, sans aucun préliminaire, Gilles monte sur moi et met son pénis contre mes lèvres. Lorsque je ne suis pas mouillée, mon vagin est presque aussi étroit que la première fois.

Nous faisons comme si nous étions dans la chambre d'hôtel. Je lui dis: «Mets le bout de ton pénis dans mon vagin. Je ne te laisserai pas aller plus loin. Laisse-moi juste sentir le bout de ton sexe.»

Gilles répond: «Je crois que ce ne serait pas raisonnable. Je ne veux pas déchirer ton hymen.» Puis il enfonce son pénis en moi. Comme je suis encore sèche, mon vagin l'emprisonne étroitement. Nous faisons l'amour doucement, en parlant, comme nous l'avons fait la première fois. Ensuite, quand nous sentons mon vagin se lubrifier, nous baisons comme des fous jusqu'à ce que nous jouissions ensemble.

NATHALIE ET BERNARD

Steve:

Nathalie et Bernard sont un couple de yuppies d'une trentaine d'années. Elle est hygiéniste dentaire; il est chirurgien dentiste. Nous n'avons jamais rencontré Bernard, mais nous voyons Nathalie environ deux fois par an. Un jour, alors qu'elle finissait de me soigner une dent, elle m'a dit qu'Iris lui avait raconté que nous écrivions un livre sur les fantasmes des couples comblés. Cela l'intriguait beaucoup.

«J'en ai parlé à Bernard, a-t-elle ajouté, et il pense que vous aimeriez sûrement connaître notre fantasme préféré. En fait, ce fantasme découle d'un événement que nous avons réellement vécu. Est-ce que c'est important? C'était il y a six ans, avant notre mariage...»

* * * *

À l'époque, Bernard était à l'école de médecine dentaire et moi je fréquentais encore l'université. Nous n'avions pas beaucoup d'argent à l'époque, mais Bernard possédait une vieille voiture toute déglinguée. Oh! là là! si cette auto pouvait raconter tout ce qu'elle a vu! Je partageais un appartement avec trois autres filles, et Bernard, lui, avait cinq colocataires. Il m'était par conséquent impossible d'aller chez lui et il ne pouvait pas non plus venir chez moi. Alors, comme nous étions trop pauvres pour aller à l'hôtel, c'était la voiture ou rien du tout. La plupart du temps, nous nous garions n'importe où et sautions sur la banquette arrière pour nous peloter. Mais lorsque nous réussissions à économiser cinq dollars, nous allions au ciné-parc.

Celui que nous fréquentions faisait des réductions les jours de semaine. Cinq dollars pour la séance — c'était le ciné le moins cher de la ville. En général, on y présentait deux films de série B et un tas de dessins animés. Il nous arrivait de regarder un peu le film, mais nous étions surtout là pour nous envoyer en l'air sur la banquette arrière de la voiture.

Nous faisions toujours en sorte d'arriver assez tôt pour pouvoir nous réserver le coin le plus reculé du ciné-parc afin d'être sûrs d'avoir une certaine intimité. Nous nous garions toujours loin du vendeur de bonbons et des toilettes, ainsi nous ne courions pas le risque d'être surpris par des gens qui regarderaient à l'intérieur de notre voiture.

Ce soir-là, comme nous avions un peu plus d'argent que d'habitude, nous avions apporté une bouteille de vin et deux verres en carton. Vous avez déjà bu du vin dans un verre en carton? C'est horrible. Ah! oui! tout simplement horrible.

Donc, nous buvions notre vin en regardant les dessins animés. Puis, lorsque le film a commencé, nous sommes passés sur la banquette arrière pour nous offrir un petit concert de soupirs. À vrai dire, nous ressentions tous les deux les effets du vin et éprouvions une sorte de vertige. Je pense que nous ne savions même plus où nous étions.

Nous avons commencé à nous embrasser et, un instant plus tard, Bernard a glissé une main sous ma blouse. J'étais vraiment excitée, mais les bretelles de mon soutien-gorge pénétraient dans ma chair, alors je les ai fait glisser. Bernard est devenu aussi affamé qu'un lion. Il m'embrassait partout, me mordait, me léchait. Rien que d'y penser j'en ai encore des frissons.

Au bout d'un moment, j'ai eu envie de le caresser, moi aussi. Alors j'ai défait la boucle de sa ceinture, ouvert la fermeture de son pantalon et passé une main dedans pour prendre son pénis. Mais le caleçon de Bernard était tout entortillé. Tant bien que mal, il a réussi à ôter son pantalon et ses sous-vêtements et les a poussés du pied.

Nous avions complètement oublié le film, bien sûr, et nous étions tout à notre plaisir. C'était une nuit nuageuse, et le ciné-parc n'était rempli qu'à moitié. Nous avions l'impression d'être seuls au monde. J'avais la tête sur les genoux de Bernard et je sentais qu'il devenait de plus en plus excité. Et on aurait dit que plus il était excité, plus je l'étais moi-même.

Nous n'étions plus vierges, mais nous n'avions pas fait l'amour souvent, car nous avions rarement l'occasion de nous retrouver seuls. Mais la seule chose dont j'étais sûre ce soir-là, c'est que j'en avais drôlement envie. Je suppose que le vin faisait son effet, me remplissant de ce désir chaud et frémissant auquel il est si difficile de résister.

Sans décoller mes lèvres de celles de Bernard, je suis parvenue à me débarrasser de mon pantalon et de ma petite culotte. Je ne sais même pas s'il s'en est rendu compte. J'étais complètement nue et lui n'avait plus que sa chemise sur le dos.

Je me suis mise à califourchon sur ses genoux. Il me caressait pendant que nous nous embrassions. Je me suis ajustée à lui pour qu'il puisse me pénétrer. Son pénis était si dur qu'il dépassait toutes mes espérances. J'ai fermé les yeux, mais je pouvais l'imaginer qui se glissait en moi.

Bernard caressait mes seins, s'attardant sur mes mamelons. Nous nous balancions d'avant en arrière pour qu'il puisse entrer et sortir de moi. La voiture tout entière devait remuer, mais nous n'en étions pas conscients.

Je soupirais et gémissais, Bernard aussi. Nous devions faire un boucan infernal, mais nous étions seuls au monde et il ne nous est même pas venu à l'idée que quelqu'un pouvait nous entendre. Quand j'ai senti l'orgasme monter en moi, j'ai carrément crié: «Oh! Bernard, je vais jouir!

— Moi aussi», a-t-il répondu.

Il avait à peine prononcé ces paroles que je commençais à jouir. J'ai ouvert les yeux pour le regarder. Il a ouvert les siens en même temps. C'est alors que j'ai vu son expression horrifiée. Je me suis retournée pour voir ce qu'il regardait... Oh! là là! quel choc!

On se serait cru au spectacle. Tous les occupants des voitures voisines nous regardaient. Certains étaient même sortis de leur auto et nous regardaient avidement pour ne rien manquer de la scène. Personne ne s'occupait plus de ce qui se passait sur le grand écran. Comment l'auraient-ils pu? Nous donnions un bien meilleur spectacle, en direct et en chair et en os.

Nous étions incapables de nous contrôler. Comment arrêter un orgasme? Nous ne pouvions rien faire d'autre que de jouir. Jouir, et jouir encore. On aurait dit que l'extase était sans fin.

J'aurais voulu fermer les yeux pour me retirer dans l'illusion de notre intimité, mais c'était désormais impossible.

J'étais à la fois subjuguée par mon orgasme et fascinée par tous ces visages captivés par le spectacle gratuit que nous étions en train de donner. J'ai senti le pénis de Bernard palpiter et gonfler en moi lorsqu'il a éjaculé; ses yeux étaient grands ouverts et fixaient les voyeurs.

J'ai ressenti quelque chose de terriblement intense. Mais c'est bien la seule fois de ma vie que j'ai espéré la fin d'un orgasme. Lorsque tout a été fini, j'ai dit: «Je t'en prie, Bernard, emmène-moi loin d'ici!»

Je n'aurais jamais cru Bernard aussi rapide. En deux temps, trois mouvements, il a empoigné son pantalon, sauté sur la banquette avant, ouvert la vitre juste assez pour décrocher le haut-parleur du ciné-parc et le lancer dans l'herbe, plaqué son pantalon tout chiffonné sur ses genoux, mis le contact et démarré.

Je n'ai même pas essayé de me rhabiller, je me suis simplement roulée en boule sur la banquette arrière en essayant de protéger ma nudité des regards qui nous suivaient. Je me rappelle avoir entendu des acclamations et des applaudissements au moment où nous sommes sortis.

Les crissements des pneus ont dérangé les gens qui avaient raté notre spectacle et regardaient l'écran. Nous avons roulé jusqu'à une impasse, où nous nous sommes arrêtés pour remettre nos vêtements. Nous nous sommes mis à rire si fort que nous ne pouvions plus nous arrêter. Et nous avons continué à rire jusqu'à la fin de la soirée.

Depuis ce jour, chaque fois que nous avons envie de rigoler, nous parlons de cette soirée. J'imagine que Bernard et moi nous servons de ce souvenir pour nous exciter. En fait, ce n'est pas notre embarras que nous nous rappelons, mais le plaisir et l'excitation ressentis lors de ce colossal orgasme public. Parler de ça nous excite encore toujours.

De temps en temps, lorsque nous faisons l'amour, je décris à Bernard de quelle façon j'ai vécu cet événement — quel effet cela m'a fait d'être complètement nue avec son pénis en moi tandis qu'un groupe d'étrangers nous regardaient avec un plaisir manifeste. J'en rajoute, évidemment. Je suis capable de décrire en détail le visage de chacun des hommes qui m'ont vue jouir, alors que je n'ai pas prêté la moindre attention à tous ces détails au moment même.

Parfois, c'est Bernard qui en parle. Il me raconte ce que les hommes et les femmes faisaient en nous regardant, ce qu'ils disaient, et même ce qu'ils pensaient en nous voyant baiser sur la banquette arrière de la voiture. C'est ce qu'il y a de merveilleux avec les fantasmes: on peut les arranger comme on veut.

HENRI ET SHARON

Iris:

Henri et Sharon sont tous deux infirmiers spécialisés en santé mentale. Ils ont vingt-cinq ans et se fréquentent depuis deux ans. Même s'ils ont gardé chacun leur appartement, ils passent presque toutes les nuits ensemble, tantôt chez l'un, tantôt chez l'autre.

La législation de leur État exigeant que les professionnels de la santé suivent régulièrement des cours afin de se perfectionner dans divers domaines relatifs à leur travail, Sharon et Henri ont assisté à l'une des conférences de Steve sur la sexualité et la loi. J'étais assise juste à côté d'eux et, pendant la pause, nous avons engagé la conversation. Steve venait de parler des peines encourues par les exhibitionnistes.

Henri a piqué ma curiosité lorsqu'il a déclaré que Sharon et lui devaient beaucoup à un couple d'exhibitionnistes qu'ils avaient vus un jour à New York. Comme je mourais d'envie d'en savoir davantage, je les ai invités à venir prendre un café avec nous après la conférence. Aussitôt que j'ai pu le faire sans avoir l'air indiscrète, j'ai demandé à Henri à quoi il avait fait allusion en lançant cette remarque durant la conférence. Sharon et lui semblaient aussi désireux de nous raconter ce qu'ils avaient vécu que nous l'étions de les écouter. Ils parlaient tous deux en même temps, s'interrompant parfois l'un l'autre. Pour éviter que cette histoire ne paraisse confuse, je l'ai retranscrite comme si Henri avait été seul à la raconter.

«Nous avons toujours aimé parler de sexe lorsque nous faisons l'amour, a-t-il dit en guise d'introduction. Mais au début nous étions un peu embarrassés, nous ne savions pas trop quoi dire. Puis, un jour, à New York, nous avons été témoins d'un événement qui nous a réellement inspirés. Depuis ce jour, c'est devenu beaucoup plus facile...»

****

Il y a environ un an et demi, j'ai décidé d'emmener Sharon à New York. C'est là que j'ai grandi, mais Sharon n'avait jamais visité New York. Afin qu'elle puisse vraiment s'imprégner de l'atmosphère de la ville, j'avais réservé une chambre au sixième étage d'un hôtel situé en plein centre de Manhattan. Ce n'était pas l'hôtel le plus chic de New York, mais au moins il se trouvait au cœur de l'action. J'étais sûr que Sharon prendrait beaucoup de plaisir à observer le va-et-vient de la rue depuis la fenêtre de notre chambre. Je ne m'étais pas trompé: c'est bien ce qui arriva.

New York est l'endroit le plus dément que je connaisse. L'immeuble qui se trouvait juste en face de notre hôtel avait plusieurs étages. Le rez-de-chaussée et les deux premiers étages étaient occupés par une manufacture de je ne sais trop quoi — il me semble que c'étaient des vêtements. Durant la journée, nous pouvions voir, à travers les fenêtres, les ouvriers travaillant aux machines à coudre et ceux qui couraient dans tous les sens avec des paquets pleins les bras. À cinq heures précises, les lumières s'éteignaient et tous les employés quittaient les lieux.

Un soir, remarquant qu'une des fenêtres du quatrième étage était illuminée, nous nous sommes aperçus qu'il y avait là un appartement. Comme cela nous intriguait, nous sommes restés un moment à la fenêtre pour voir ce qui se passait à l'intérieur. Même s'il se trouvait au-dessus d'une manufacture, l'appartement semblait assez luxueux. À un moment donné, voyant quelque chose bouger derrière la fenêtre, j'ai dit à Sharon: «Hé! il y a quelqu'un là-dedans!»

Sharon s'en était déjà aperçue. «Je sais, a-t-elle répondu. Il y a une femme complètement nue.»

Dans la minute qui a suivi, je me suis rendu compte qu'elle avait raison. Une femme se trouvait effectivement derrière la fenêtre; elle était grande, avec la peau très blanche et de longs cheveux noirs. Et elle était complètement nue. Je ne distinguais pas très bien son visage; par contre je voyais parfaitement son corps. Ses seins avaient de larges aréoles et les poils de son pubis formaient un épais buisson foncé. J'ai senti mon pénis durcir. J'avais un peu honte, pensant que Sharon me prendrait pour un vicieux si elle s'en rendait compte, mais je ne pouvais pas détacher mes yeux de la fenêtre.

Un instant plus tard, je me suis aperçu qu'il y avait également un homme dans l'appartement. Il était presque nu, lui aussi, ne portant rien d'autre qu'un short très court, qu'il a bientôt ôté et poussé du pied. Son pénis dressé était long. Lorsqu'elle l'a vu, Sharon a commencé à respirer plus fort.

Je bandais comme un cerf, mais je n'avais plus honte du tout. En fait, j'ai pris la main de Sharon et l'ai posée sur mon sexe. Elle m'a caressé un instant à travers le tissu de mon pantalon, puis a descendu la fermeture éclair de ma braguette, les yeux toujours rivés sur la scène érotique qui se déroulait de l'autre côté de la rue.

Étant donné que l'appui de la fenêtre devant laquelle nous nous trouvions m'arrivait pratiquement à la taille, je savais que, de l'extérieur, on ne verrait rien si j'enlevais mon pantalon. J'ai défait la boucle de ma ceinture et retiré mon pantalon et mon caleçon. Puis je me suis mis derrière Sharon. J'ai remonté sa jupe jusqu'à sa taille et j'ai commencé à frotter mon pénis bandé contre son slip. Quand elle s'est mise à frotter ses fesses contre moi, j'ai fait glisser son slip jusqu'à ses chevilles et l'ai fait passer sous ses pieds.

Le couple d'en face s'embrassait. Je pouvais voir la main de l'homme se promener sur les fesses et les seins de la femme; il se penchait vers l'avant pour presser le bout de son pénis contre son sexe. Sharon a commencé à se balancer d'arrière en avant. J'avais l'impression qu'elle essayait d'accorder sa cadence à la leur. «Tu penses qu'ils savent qu'on les regarde? a-t-elle demandé. Tu crois qu'ils peuvent nous voir?» Cette idée semblait l'exciter encore plus que ce qu'ils faisaient.

Tout en glissant mes mains sous sa blouse pour caresser ses seins, j'ai dit: «Je suis sûr que oui. En fait, ils font un spectacle juste pour nous.»

Sharon s'est mise à trembler de la tête aux pieds. Elle a pris mon pénis entre ses cuisses nues et a continué à se balancer, sans quitter des yeux le couple de la fenêtre. La femme s'était mise à genoux devant l'homme et avait pris son pénis dans sa bouche. Sharon était fascinée. J'ai saisi ses seins et j'ai alors senti sa main glisser entre ses jambes pour venir prendre mon sexe et le guider en elle. Elle a plié légèrement les genoux et a soupiré au moment où je la pénétrais.

Nous sommes restés ainsi un long moment, debout devant la fenêtre, faisant doucement l'amour en regardant la femme de l'appartement d'en face faire une pipe à son homme. Puis leurs mouvements se sont accélérés; l'homme allait jouir d'un instant à l'autre. Ses hanches puissantes se mouvaient d'avant en arrière, amenant son sexe dressé vers le visage de sa compagne. Alors, il a tout à coup cessé de bouger et elle a laissé son pénis glisser hors de sa bouche. Il lui a dit quelque chose et ils se sont tous les deux retournés pour nous regarder. On aurait dit qu'ils nous souriaient. Je suis pratiquement certain que les yeux de la femme nue ont rencontré les miens. Le couple s'est ensuite retiré au fond de l'appartement et a disparu.

Mais Sharon et moi ne nous sommes pas arrêtés là. Nous sommes restés dans cette position pendant une heure, frottant nos corps l'un contre l'autre et faisant comme si nous les voyions encore. De temps à autre, l'un de nous se mettait à parler, décrivant le couple comme s'il était toujours en train de faire l'amour devant la fenêtre. Nous ne voulions ni l'un ni l'autre que cela s'arrête; dès que l'un de nous était au bord de l'orgasme, nous ralentissions notre mouvement ou l'interrompions carrément. Lorsque nous n'avons plus été capables de nous retenir, nous avons joui ensemble. Aucun de nous n'avait jamais eu un orgasme si intense.

Depuis ce jour, chaque fois que nous devons séjourner à l'hôtel, nous faisons l'amour devant la fenêtre. En général, nous le faisons de la même façon qu'à New York, habillés au-dessus de la taille, mais nus en dessous. Nous parlons toujours du couple de la fenêtre. Nous aimons imaginer qu'ils savaient que nous les regardions. Nous avons passé des heures et des heures à fantasmer à propos de ce qu'ils ont dû ressentir en nous offrant un tel spectacle. Mais, la plupart du temps, nous aimons nous rappeler à quel point nous étions excités cette nuit-là, à New York.

3

Couchons-nous dans l'herbe

La civilisation occidentale a de tout temps considéré l'acte sexuel comme une activité que les gens civilisés ne pratiquent que dans l'intimité. Les Grecs ont exalté les beautés de la nature sans toutefois encourager les relations sexuelles en plein air. Et si leurs athlètes s'affrontaient nus dans des arènes bondées, c'était à la condition de n'être pas circoncis — de cette façon, le gland de leur pénis n'était pas visible.

Quand, à l'instar des Grecs, les Romains se sont mis à vénérer la nature, ils ont laissé de côté la majorité des inhibitions de ces derniers à l'exception de celles qui touchaient à l'extériorisation des rapports sexuels. En l'an 40, Sénèque, un philosophe romain, voyait en certaines villégiatures d'été des «sanctuaires du vice»; il était notoire que les amants y faisaient l'amour sur la plage. Le gouvernement romain considérait les orgies en plein air — connues sous le nom de bacchanales — comme une menace pour la République et pouvait aller jusqu'à en exécuter les participants.

Pendant le haut Moyen Âge, lorsque la philosophie romaine a cédé la place au christianisme, les relations sexuelles ont été définitivement refoulées dans des endroits clos dont elles ne sont plus jamais ressorties. Dans la poésie orientale, «un recueil de vers sous un rameau, une miche de pain, une carafe de vin, et toi à côté de moi dans le désert» constituent les ingrédients indispensables au rendez-vous amoureux. La civilisation occidentale ne voit dans cette énumération que les éléments de base pour la préparation d'un pique-nique.

En été, la délicieuse sensation que nous promet une brise chaude sur notre peau nue peut nous entraîner vers la plage même si nous n'avons pas envie de nager. Toutefois, bien que la taille de nos maillots de bains soit plutôt réduite, nous ne les ôtons jamais. Cette règle est si stricte que la plupart des Américains ne se sont jamais retrouvés nus sous le soleil.

Sur les plages d'Europe, les règles sont plus permissives. Bien que la nudité totale soit rigoureusement proscrite dans bien des endroits, il est presque toujours permis aux femmes de prendre leurs bains de soleil sans soutien-gorge afin de pouvoir bronzer uniformément. Il en est toujours quelques-unes pour rester allongées après le coucher du soleil, ce qui leur donne sans doute une délicieuse impression de provocation.

Comme les fruits défendus sont généralement plus doux, beaucoup d'entre nous rêvent d'avoir des relations sexuelles en plein air. *Tant qu'il y aura des hommes*, un film datant de 1953, a été mis en nomination pour de nombreux oscars, dont ceux du meilleur réalisateur, du meilleur film, du meilleur acteur, de la meilleure actrice, du meilleur second rôle masculin, et du meilleur second rôle féminin. Mais la scène dont tout le monde se souvient est celle au cours de laquelle Burt Lancaster et Deborah Kerr font l'amour au milieu des vagues qui se brisent sur une plage éclairée par la lune. En dépit des règlements de l'industrie cinématographique qui exigeaient que les comédiens soient vêtus de leur maillot de bain, l'allusion à une relation sexuelle en plein air chargeait cette scène d'un érotisme intense.

Pour la majorité des couples, l'amour en plein air ne deviendra jamais une réalité. Ils y penseront, en parleront, l'imagineront, mais ne passeront jamais à l'acte parce que leurs inhibitions, la société dont ils font partie, et leurs croyances condamnent cet acte. C'est sans doute la raison pour laquelle faire l'amour en plein air est l'un des fantasmes les plus répandus parmi les couples que nous avons interrogés. Ils font en imagination ce qu'ils ne pourront jamais vivre autrement. Après tout, c'est à cela que servent les fantasmes.

LISE ET BEN

Iris:

Lise et moi nous sommes rencontrées dans un camp d'été où, adolescentes, nous étions monitrices. En fait, c'est là que Lise a fait la connaissance de l'homme qui allait devenir son mari, Ben. Comme nous partagions la même chambre, très vite naquit entre nous cette amitié que deux adolescentes partagent si facilement. Nous nous racontions dans les moindres détails nos premiers pas dans la vie amoureuse.

Notre amitié dure encore aujourd'hui. Chaque fois que nous nous rencontrons, nous ne pouvons nous empêcher de nous remémorer nos bons souvenirs du camp de vacances et les expériences que nous y avons vécues. Récemment, alors que nous dînions ensemble, je lui ai rappelé combien il était agréable, l'après-midi, d'aller nager dans le lac. Lise a souri et m'a appris que Ben et elle s'y rendaient encore fréquemment.

«Vraiment? ai-je demandé, étonnée.

— En fait, a répondu Lise, disons que nous y étions il y a quelques jours...»

* * * *

Ben et moi avons passé beaucoup de temps au bord du lac, cet été-là. Surtout la nuit. Presque tous les soirs il y avait des feux de camp ou des activités organisées sur le terrain de jeu, et tout le monde devait y participer. Mais Ben et moi venions juste de tomber amoureux l'un de l'autre et nous avions envie d'être seuls. Alors, chaque fois que nous pouvions trouver une excuse pour filer, nous nous retrouvions au bord du lac.

Nous restions assis sur le vieil embarcadère en bois, main dans la main et les pieds dans l'eau, contemplant la lune et parlant de l'avenir. Nous pouvions nous embrasser pendant des heures et des heures. À mesure que l'été progressait, nos caresses devenaient plus intimes.

Au début, Ben se contentait de toucher mes seins à travers ma blouse. Et puis, au bout de quelque temps, je lui ai permis de la déboutonner et de passer la main dans mon soutien-gorge. À la mi-août, n'en pouvant plus, j'ai carrément ôté ma blouse et mon soutien-gorge pour le laisser caresser mes seins. Ça le faisait bander. Alors je caressais son pénis à travers son pantalon.

Nous avions terriblement envie de faire l'amour, mais nous ne l'avons pas fait cet été-là. En fait, nous n'avons enlevé notre pantalon qu'une seule fois, un soir où nous avons pris un bain de minuit au clair de lune. Je ne m'étais jamais baignée nue, et je trouvais ça très excitant. C'était la première fois que nous étions nus l'un devant l'autre. Et ça, c'était encore plus excitant. Mais, pour une raison qui m'échappe, nous avons bien pris soin de ne pas nous toucher, cette nuit-là.

C'est ainsi que j'ai réussi à garder ma virginité. Lorsque nous sommes rentrés chez nous, après le camp, Ben et moi avons continué à nous voir en ville. Nous parlions souvent de nos rendez-vous au bord du lac. En principe, nous devions y retourner l'été suivant, alors nous fantasmions sur la façon dont nous allions passer nos soirées. Nous avions décidé d'attendre notre prochain séjour là-bas pour faire l'amour.

Je demandais tout le temps à Ben de me décrire comment cela serait. Je voulais qu'il me raconte dans les moindres détails ce qu'il aurait envie de me faire et ce qu'il voudrait ressentir. Je pense que c'est de cette façon que nous avons commencé à partager nos fantasmes. Pour dire la vérité, je trouve que parler de ça a été plus excitant que de faire l'amour pour la première fois.

En définitive, nous ne sommes jamais retournés au camp. Nous avons fini par faire l'amour environ un an plus tard, dans un terrain de stationnement, sur la banquette arrière d'une voiture. Nous avions tellement peur de nous faire surprendre que nous avons fait ça en quatrième vitesse. Une fois que tout a été fini, je n'étais même plus sûre que c'était vraiment arrivé.

Nous ne nous sommes mariés que trois ans plus tard, mais nous avons fait l'amour aussi souvent que possible, même si la vie en ville n'offre pas beaucoup de situations romantiques. Lorsque nous étions à une soirée, par exemple, nous étions tout contents quand nous pouvions nous faufiler en douce dans la salle de bain pour vite s'envoyer en l'air. Mais faire l'amour comme ça ne me donnait aucune satisfaction. Je n'arrivais même pas à jouir. Alors je me suis mise à laisser libre cours à mes fantasmes afin de rendre notre vie sexuelle plus excitante. Quel que soit l'endroit où nous nous trouvions, mon esprit nous ramenait au bord de notre lac.

Au début, j'ai gardé ce fantasme secret. En parler me paraissait ridicule. J'étais comme un enfant qui joue à faire semblant. Mais cela me procurait un tel plaisir qu'à la longue j'ai eu besoin de partager mon secret avec Ben. Ainsi, un soir, alors que nous nous rendions à une soirée, je lui ai dit: «Ben, est-ce que tu te souviens de ces merveilleuses soirées au bord du lac?

— Oh! oui! a-t-il répondu dans un soupir. Je ne les oublierai jamais.» J'ai su à l'expression de son visage que ces souvenirs étaient aussi précieux pour lui que pour moi. «Parfois, a-t-il alors ajouté, je pense à ces nuits-là quand nous faisons l'amour. Je fais même semblant d'être au camp.»

Je ne me sentais plus du tout stupide. Après tout, si Ben pouvait admettre qu'il avait des fantasmes, je pouvais en faire autant. «Moi aussi, ai-je avoué. Quand je suis appuyée contre un mur avec ma jupe remontée jusqu'à la taille et que nous faisons l'amour comme des fous, je me souviens à quel point nous étions bien au bord du lac et j'imagine que nous y sommes encore.»

Plus tard dans la soirée, nous nous sommes faufilés dans une salle de bain pour une rapide partie de jambes en l'air. J'étais nerveuse, j'avais peur que quelqu'un n'entre. Je pense qu'en fait nous l'étions tous les deux; nous ne nous sommes même pas déshabillés. Ben a simplement descendu la fermeture éclair de son pantalon et j'ai soulevé ma robe. Il a tiré ma petite culotte sur le côté et m'a pénétrée. Je n'étais même pas particulièrement excitée.

Et puis Ben s'est mis à me parler tout doucement: «Tu te souviens de cette nuit où nous avons nagé nus dans le lac? Je n'oublierai jamais à quel point j'étais excité de voir ton corps nu. Pas seulement tes seins, mais toi tout entière. Je me souviens du moment où j'ai regardé les poils de ton sexe pour la première fois. Je bandais tellement que je croyais que je n'arriverais jamais à me retenir de jouir. À un moment donné, je t'ai tourné le dos pour que tu ne voies pas mon pénis en érection. Mais je n'ai pas pu m'empêcher de me retourner vers toi pour te regarder encore.»

Les mots de Ben m'ont fait oublier l'endroit où nous nous trouvions et, très vite, j'ai retrouvé le souvenir du camp et de cet été excitant. Je vivais le fantasme et je le ressentais. Son imagination avait fusionné avec la mienne. Je me suis mise à chuchoter moi aussi, donnant ma propre version des faits. Cela me semblait si naturel de parler de ça avec lui! Avant que je ne comprenne ce qui m'arrivait, j'ai eu un orgasme fantastique.

Tout a changé entre nous, cette nuit-là. Nous avons compris comment utiliser un fantasme érotique pour accroître notre plaisir. Où que nous soyons et quelles que soient les circonstances, nous pouvons laisser vagabonder librement notre imagination pour nous envoler vers l'endroit de nos rêves.

C'est fou. Nous sommes maintenant mariés depuis plus de vingt ans, nous disposons de toute l'intimité qui nous est nécessaire, et pourtant nous avons toujours recours à nos fantasmes pour rendre notre vie sexuelle plus excitante. Celui du lac fait partie de nos préférés. C'est pour ça que nous y sommes retournés il y a quelques jours.

BARBARA ET GARY

Steve:

Barbara me coupe les cheveux depuis de nombreuses années. Elle aime bien parler tout en travaillant et, la plupart du temps, entretient la conversation sans que j'aie à ouvrir la bouche. Au début, elle parlait de la pluie et du beau temps, mais depuis qu'elle sait qu'Iris et moi avons écrit des romans érotiques, ses monologues tournent toujours autour de la sexualité.

Il y a quelque temps, Barbara m'a confié qu'elle nous enviait, Iris et moi, de pouvoir vivre à la campagne. En fait, son petit ami et elle adorent la vie en plein air, mais leur travail les oblige à rester presque tout le temps enfermés entre quatre murs. Ils ne peuvent respirer un peu d'air frais et profiter du soleil que lorsqu'ils jouent au golf. «Bien entendu, a-t-elle ajouté, le terrain de golf occupe une place importante dans nos fantasmes...»

****

On peut dire que Gary et moi sommes des mordus du golf. Mais ce n'est pas tant le jeu qui m'attire que le décor. Je me souviens de ce jour où Gary m'a amenée pour la première fois sur un terrain de golf. J'étais fascinée par cette herbe luxuriante et parfaitement entretenue. On aurait dit un tapis de velours s'étendant à perte de vue. C'était tellement calme et apaisant! Le bleu du ciel et la chaleur du soleil emplissaient mon corps d'une sensation de sécurité.

Mon esprit vagabondait pendant que Gary m'apprenait à jouer. Je ne pouvais m'empêcher d'imaginer comment ce serait si Gary et moi avions tout cet endroit pour nous seuls. Je nous voyais en train de faire l'amour sur le sol, l'herbe caressant notre peau. J'appréciais le jeu, mais j'étais incapable de me concentrer. Mes fantasmes érotiques l'emportaient sur tout le reste.

La semaine suivante, lorsque Gary m'a demandé si je voulais jouer au golf, j'ai sauté sur l'occasion. Pendant que nous marchions d'un trou à l'autre, je cherchais des yeux les endroits où nous pourrions faire l'amour. J'étais tellement émoustillée que, quand nous sommes rentrés à la maison, j'ai pratiquement violé Gary. Nous avons fait l'amour sur le tapis du salon et j'ai joui si vite que Gary en était tout étonné.

«Quel aphrodisiaque as-tu pris?» m'a-t-il demandé.

Je lui ai alors parlé de mes fantasmes du terrain de golf. Il a adoré ça! Il m'a demandé de lui décrire en détail mes décors imaginaires. Comme il jouait sur ce terrain depuis plusieurs années, il reconnaissait aisément les endroits que je lui décrivais. Cela nous a tellement excités que nous avons encore fait l'amour, mais plus lentement cette fois.

Le samedi suivant, quand nous sommes retournés au terrain de golf, Gary m'a dit qu'il allait me montrer quelques endroits où nous pourrions faire l'amour. Pendant que nous jouions, il m'indiquait des buissons ou des talus où l'herbe était plus haute. «Que penses-tu de ce petit coin-là? Ça ne serait pas mal, non?» J'étais si excitée que je me sentais incapable d'attendre notre retour à la maison.

Ce soir-là, dans notre lit, lorsque nous nous sommes mis à nous caresser, nous étions remplis de nos fantasmes. J'ai fermé les yeux et écouté Gary qui me parlait doucement à l'oreille en me caressant. Il disait: «Nous sommes couchés dans ce coin ombragé qui se trouve près du cinquième vert. Le soleil brille au-dessus de nous. Et nous sommes seuls.»

Pour moi, c'était comme si nous y étions réellement. C'est fou comme un fantasme peut se transformer en réalité quand on le libère. Mon corps reposait sur le lit, mais mon esprit sentait les brins d'herbe me caresser. Les fenêtres de notre chambre étaient fermées, mais une douce brise soufflait sur ma peau nue et je pouvais presque sentir l'odeur de la pelouse fraîchement coupée.

Quand Gary s'est couché sur moi, j'ai vu une voûte de feuillage au-dessus de nous. La pensée de faire l'amour sous le soleil et le ciel intensifiait toutes nos sensations. Les gémissements de Gary me disaient qu'il vivait quelque chose d'extraordinaire, lui aussi. Nous avons joui presque en même temps. C'était la première fois que ça nous arrivait.

Nous jouons beaucoup au golf maintenant. Chaque semaine nous changeons de terrain. Quand nous jouons, nous repérons les bons endroits afin de pouvoir fantasmer plus tard. Je pense que nous rêvons tous les deux de nous retrouver un jour tout à fait seuls sur un terrain. Si jamais cela arrivait, nous enlèverions nos vêtements à toute vitesse pour faire l'amour dans l'herbe. En attendant, il nous suffit de laisser libre cours à notre imagination.

HÉLÈNE ET CHARLES

Iris:

Lorsque Charles a divorcé d'avec sa première femme, il a pris Steve comme avocat. Deux ans plus tard, il a épousé Hélène et nous avons été invités à leur mariage. Depuis, nous avons toujours gardé le contact et nous nous rencontrons de temps à autre.

Hélène est représentante pour une compagnie d'articles de bureau, mais elle se considère comme un écrivain en herbe. Son langage est rempli de métaphores et d'images poétiques. Depuis deux ans, elle consacre tout son temps libre à écrire un roman. Je lui demande de m'en parler chaque fois que je la vois, mais elle me répond toujours qu'elle préfère ne rien dire avant que le roman ne soit terminé. Elle aime mieux m'entendre parler de ce que Steve et moi écrivons.

Dernièrement, je l'ai rencontrée par hasard dans un café et nous avons passé un moment à bavarder. Lorsque je lui ai dit que nous étions en train de recueillir les fantasmes érotiques de couples heureux et lui ai demandé si Charles et elle en avaient un à nous raconter, Hélène a paru fort surprise. «Si deux personnes sont heureuses ensemble, pourquoi auraient-elles besoin de se construire une vie imaginaire?» m'a-t-elle demandé.

Je lui ai expliqué ce que nous entendions par fantasmes, lui précisant qu'il s'agissait des secrets qu'un couple peut partager à voix basse en faisant l'amour.

«Ah! tu veux parler des choses que l'on se murmure sur l'oreiller! s'est-elle exclamée. Bien sûr que nous nous parlons, Charles et moi. Mais nous n'avons jamais pensé qu'il s'agissait là de fantasmes. Tout ce que nous faisons peut être raconté...»

****

La vie manque de romantisme, tu sais. On a parfois l'impression de ne vivre que pour se lever, aller travailler, rentrer à la maison, se coucher, et faire l'amour une fois de temps en temps. Mais quand Charles et moi sommes en manque de romantisme, nous parlons de cette merveilleuse nuit où nous avons fait l'amour sur une plage de Santorini.

Santorini est une île grecque. C'est là que nous avons passé nos vacances il y a trois ans. La maison que nous avions louée se trouvait au bord de la mer Égée. Nous avions la plage tout entière pour nous et, la première nuit, nous avons décidé d'aller prendre un bain de minuit.

L'air embaumait tellement qu'on avait l'impression de respirer du parfum. Et la température de la Méditerranée est à peine inférieure de quelques degrés à celle de l'air. Cette atmosphère portait au romantisme. Il y avait quelque chose de tellement sensuel dans cette nuit, dans cet endroit, que je me sentais tout émoustillée. Lorsque nous sommes revenus sur la plage après notre baignade, j'ai dit à Charles: «Rentrons à la maison pour faire l'amour.»

Au lieu de répondre, Charles m'a prise dans ses bras. Nous sommes restés debout un moment, nos deux corps pressés l'un contre l'autre, nous embrassant. Je me sentais terriblement excitée et ses mains se promenant sur ma peau mouillée amplifiaient cette sensation. Avant que je ne réalise ce qu'il faisait, Charles a dégrafé le soutien-gorge de mon maillot de bain. «Attends, lui ai-je dit. Attends que nous soyons rentrés à la maison.» Mais il a continué à enlever mon soutien-gorge et m'a reprise dans ses bras.

Lorsque mes seins se sont pressés sur sa poitrine, j'ai passé mes bras autour de sa taille et l'ai serré tout contre moi. Il semblait si fort et si puissant! J'ai fait courir mes doigts sur son dos, m'émerveillant de la fermeté de ses muscles. Il a commencé à se frotter contre moi; son sexe était aussi dur que le reste de son corps. C'était excitant d'être là, debout sur la plage, mes seins nus s'enfonçant dans la poitrine de Charles. Mais j'étais nerveuse, j'avais peur que quelqu'un ne nous surprenne. «Je t'en prie, rentrons à l'intérieur», ai-je murmuré.

Charles n'a pas répondu. Il s'est contenté de me serrer plus fort dans ses bras et a pressé ses lèvres sur les miennes. Son étreinte m'a fait oublier un instant ma nervosité. Il me gardait, me protégeait. Je me sentais en sécurité. Et ses baisers m'enivraient.

Nous sommes restés ainsi enlacés, nous balançant tout doucement. Ses mains ont caressé mon dos, descendant insensiblement vers mes reins. Il m'a massé doucement les fesses, puis a glissé ses doigts à l'intérieur de mon slip de bain. Lorsque j'ai senti qu'il tirait celui-ci vers le bas, je suis redevenue nerveuse. «Non, s'il te plaît, pas ici.»

Charles a fait comme s'il n'avait rien entendu. Il a tiré doucement mon slip jusqu'à ce que l'air chaud de la nuit caresse mes fesses nues. C'était quelque peu embarrassant de faire ça sur la plage. Mais c'était aussi très excitant.

J'ai insisté de nouveau pour que nous rentrions. Mais Charles m'a fait taire en plaquant ses lèvres sur ma bouche. J'ai essayé d'échapper à son étreinte, mais ses bras me tenaient fermement. J'ai serré les jambes l'une contre l'autre pour qu'il ne puisse pas enlever mon slip, mais il ne l'a même pas remarqué. Avant que j'aie compris ce qui se passait, mon maillot de bain était sur mes chevilles. Sans même m'en rendre compte, j'ai levé les pieds pour l'enlever complètement.

À la façon dont Charles me tenait, il était clair qu'il avait l'intention de me prendre là, tout de suite. Ma nervosité était tombée. J'étais transportée. Lui était possédé. Il me voulait tellement que rien n'aurait pu l'arrêter. Il était si déterminé que cela m'excitait. Je sentais la puissance de ses bras. Il était à la fois si fort et si tendre que j'avais envie de fondre.

Je sentais son sexe dur pressé contre moi à travers son maillot de bain. J'ai eu envie de faire glisser mes mains vers le bas pour saisir son énorme pénis, mais je n'en ai rien fait. Il me tenait complètement sous son emprise et je me sentais tout simplement incapable de faire quoi que ce soit par moi-même.

C'était la première fois de ma vie que je me trouvais toute nue en plein air. Cela me rendait vulnérable, totalement dépendante de la force de Charles. Il m'a soulevée et m'a tenue délicatement dans ses bras, inclinant la tête pour embrasser mes seins et mon ventre. J'avais envie de m'ouvrir et de m'abandonner à son pouvoir. Je ronronnais et gémissais doucement.

Avec délicatesse, il m'a attirée sur le sable, que j'ai trouvé incroyablement doux. Je suis restée là, étendue, à le regarder enlever son maillot de bain. La lumière de la lune éclairait son pénis, long, massif et puissant comme une colonne de marbre. Il s'est mis à genoux à côté de moi et a fait courir ses doigts sur mon corps. Il a pris mes seins dans ses mains, les a approchés de sa bouche avide. Il a caressé la vallée séparant mes deux seins, puis a tracé doucement une ligne passant sur mon nombril pour descendre jusqu'aux poils du pubis.

J'ai écarté les cuisses et arqué légèrement le dos, me soulevant juste assez pour que la main de Charles recouvre mon sexe. Levant les bras, je l'ai pris par le cou pour l'attirer au-dessus de moi. Nous nous sommes embrassés et j'ai senti le bout de son pénis frotter contre mes lèvres, essayant de se frayer un chemin dans mon vagin. Lorsque nous faisons l'amour, en général, je guide son pénis avec mes doigts pour l'enfoncer en moi. Mais cette nuit-là, je me suis contentée de rester couchée, l'embrassant et le laissant agir à sa guise.

Sa main se promenait entre nos deux corps, pinçant tendrement le bout de mes seins. Puis elle est descendue vers mon vagin, qu'il a entrouvert avec ses doigts, allant et venant délicatement en moi dans un mouvement doux et régulier. Lorsque je l'ai senti rentrer en moi, j'ai poussé un soupir. C'était exactement ce que je voulais, ce que j'avais voulu dès l'instant où nous avions débarqué à Santorini, mais je n'en avais pas pris conscience jusque-là.

Charles s'est emparé de moi à deux mains, empoignant mes fesses pour rapprocher mon pelvis. Il était si dominateur que je n'avais qu'une envie: m'abandonner à sa volonté. C'était lui qui donnait le rythme, me soulevant tout en se rapprochant de moi jusqu'à ce que nos deux corps se rencontrent et qu'il me pénètre. Mes gémissements de plaisir couvraient le bruit des vagues tandis que Charles s'enfonçait en moi encore et encore.

Mes jambes se sont enroulées autour de sa taille. Je voulais me fondre en lui, souder mon corps au sien. Son sexe semblait s'allonger et grossir, plongeant de plus en plus profondément en moi. Je pouvais le sentir cogner contre l'entrée de mon utérus. Un instant, j'ai eu peur de jouir. Peur de mourir d'extase.

«Oh! oui! ai-je soupiré. Continue. Oh! oui! C'est tellement bon!»

Et alors le ciel a explosé. J'ai senti son pénis palpiter et gonfler lorsque sa semence s'est mise à jaillir au fond de moi, au moment précis où mon orgasme m'emportait. Je me souviens de son intensité mais il n'y a pas de mots pour le décrire. J'ai l'impression que nous avons joui pendant des heures. Parfois, au moment où je pensais que l'orgasme s'achevait, il recommençait de nouveau.

Le pénis de Charles restait dur, et je savais qu'il ne faiblirait pas avant que je n'aille jusqu'au bout de mon plaisir. Nous avons roulé dans le sable, nos deux corps rivés l'un à l'autre, jusqu'à ce que les puissantes vagues de volupté commencent à s'apaiser. Nous avons alors échangé un long baiser, Charles toujours couché sur moi. Puis, étendus sur le dos, nous sommes restés là côte à côte, nus sur le sable, à regarder la lune et les étoiles.

Nous n'avons jamais rien vécu de plus sensuel que pendant ces vacances, et surtout cette nuit. Maintenant, lorsque nous avons envie de passer une soirée réellement romantique, nous nous remémorons cet épisode de notre vie. Je dis à Charles combien il était fort, puissant et tendre. Je lui raconte comment ma nervosité et ma résistance se sont volatilisées lorsqu'il m'a prise sur la plage. Je lui décris mon excitation au moment où il m'a soulevée, puis étendue sur le sable. Ensuite, je lui dis ce que j'ai ressenti quand il a écarté mes lèvres pour faire entrer son pénis dans mon vagin. Lui me décrit la sensation merveilleuse qu'il a éprouvée en enlevant mon maillot de bain et en me pénétrant.

Tandis que nous parlons de tout cela, notre désir devient de plus en plus fort. Nous ne nous taisons que lorsque son pénis est devenu aussi dur que cette nuit-là; et je me sens aussi molle et vulnérable. Puis il me chevauche de la même façon qu'il l'a fait sur la plage, en agrippant mes fesses pour attirer mon corps vers le sien. C'est ainsi que, dans notre mémoire, nous recréons la nuit romantique de Santorini.

4

Lis-moi une histoire,
montre-moi des images

On peut lire, dans une nouvelle pornographique publiée récemment, la description suivante:

«Son imagination tourmentée lui envoya l'image de son pénis dégoulinant et gonflé de désir. Lentement, avec amour et tendresse, l'extrémité empourprée du pénis s'approcha de sa fente et buta doucement contre les bourrelets de chair qui défendaient l'entrée de son sexe. Gémissante, elle écarta ses lèvres. Ses doigts glissèrent sur l'enduit épais et visqueux qui recouvrait sa muqueuse vaginale. Puis, avec une lenteur qui rendait son geste presque imperceptible, elle le glissa en elle.»

Dans un langage plus approprié à son époque, un très vieux texte décrit un acte érotique semblable:

Je dors mais mon cœur veille.
J'entends mon bien-aimé qui frappe.
«Ouvre-moi, ma sœur, mon amie,
ma colombe, ma parfaite!
Car ma tête est couverte de rosée,
mes boucles, des gouttes de la nuit.»

Je me suis levée pour ouvrir à mon bien-aimé,
et de mes mains a dégoutté la myrrhe,

de mes doigts, la myrrhe vierge
sur la poignée du verrou.

J'ai ouvert à mon bien-aimé...

Ce poème est extrait du Cantique des cantiques de
l'Ancien Testament. Certains théologiens l'attribuent à Salo-
mon, ce roi hébreux dont le nom est synonyme de sagesse.
Le conte des deux amants serait une allégorie de l'amour de
Dieu pour les enfants d'Israël. D'autres experts s'éloignent de
cette version. Aucun d'eux cependant ne nie la charge érotique de cette description.

Le Cantique des cantiques est d'ailleurs loin d'être le seul
texte érotique qui nous vienne de l'Antiquité. Le papyrus
égyptien de Turin, vieux de près de trois mille cinq cents ans,
nous donne une représentation graphique de quatorze différentes positions possibles lors des rapports sexuels. Un autre
papyrus datant de la même période dépeint deux divinités se
livrant à un accouplement homosexuel. D'anciennes fres-
ques et tapisseries grecques montrent fréquemment le dieu
Priape et sa monstrueuse érection. De superbes adolescents
des deux sexes sucent ou enfourchent son énorme verge.
Les sculptures qui ornent les murs de vieux temples indiens
illustrent toutes les postures amoureuses. Les *Contes des
mille et une nuits* dont on a extrait l'histoire de Simbad le
marin et celle des Quarante voleurs, étaient à l'origine une
collection de contes érotiques que se transmettaient, d'une
génération à l'autre, Arabes, Perses et Égyptiens.

Cette fascination obsédante pour le sexe a été program-
mée en nous pour que nous continuions à nous reproduire
afin de garder vivante notre espèce. De tout temps, cela
nous a conduits à lire des descriptions et à regarder des images
ou des statues représentant des êtres humains en train de
faire l'amour. Contrairement au Cantique des cantiques, la
plupart des œuvres érotiques n'ont pas de prétentions allé-
goriques. Elles n'ont d'autres ambitions que celles de stimuler nos passions et d'enflammer nos désirs érotiques.

Nous n'avons donc pas été étonnés de voir que de nombreux couples interrogés utilisent des textes et des images

érotiques comme point de départ à leurs fantasmes sexuels. Ces individus laissent vagabonder leur imagination à partir de ce qu'ils voient dans les livres ou dans les revues. C'est ce que, d'un bout à l'autre de la planète, l'humanité fait depuis des millénaires.

PHILIPPE ET SUZANNE

Steve:

La spécialité de Philippe est de prendre des photos de blessés ou de voitures endommagées pour des avocats de compagnie d'assurances. Lorsque j'étais au barreau, Philippe m'a souvent aidé à me préparer pour un procès en photographiant les pièces à conviction que je voulais conserver. Un jour, alors que nous bavardions, je lui ai demandé s'il avait jamais photographié des nus. À voir le sourire mystérieux qui a éclairé son visage, j'ai su qu'il avait une histoire à raconter.

«Une seule fois, a-t-il répondu. J'ai fait quelques nus de ma femme, Suzanne. C'était avant notre mariage. Ça nous a permis de faire l'amour comme nous ne l'avions jamais fait jusqu'alors...»

****

Nous n'étions mariés que depuis quelques mois et je travaillais comme technicien pour un photographe assez renommé. Il faisait toutes sortes de photos pour des magazines, et parfois même, des photos en pied pour des pages centrales. Mon boulot consistait à développer les tirages et à les retoucher en fonction de ses recommandations. Parfois, il fallait tirer des dizaines de fois une même photo en usant de différents procédés techniques afin d'obtenir des contrastes et des nuances plus subtiles. Il ne conservait que la version qu'il aimait le mieux.

Un jour, je travaillais sur des clichés d'un modèle nu. La fille était vraiment superbe, avec des courbes et des formes qui me plaisaient particulièrement. Peut-être n'était-ce pas très professionnel, mais la vue de ces photos m'a vraiment excité. J'étais seul dans la chambre noire, mais ça me gênait quand même. En plus, je me sentais coupable parce que je venais tout juste de me marier. Mais j'étais excité malgré tout à la vue du modèle et, d'une certaine façon, je pensais aussi à ma femme. C'est alors que j'ai eu une idée folle.

J'avais le négatif d'une photo de Suzanne et j'ai fait appel à mes compétences artistiques pour combiner ensemble les deux photos. Quand j'ai eu terminé, j'avais une photo où se mariaient le corps du modèle nu avec le visage de Suzanne. C'était du beau boulot.

Ce soir-là, j'ai rapporté la photo à la maison pour la montrer à Suzanne. Je lui ai dit que c'était un des nus que j'avais pris d'elle juste avant notre mariage. Au début, elle s'est contentée de jeter un coup d'œil sur la photo et elle m'a cru. Mais après un examen plus approfondi, elle m'a dit: «Hé! ce n'est pas moi!

— Que veux-tu dire? Bien sûr que c'est toi. Regarde ton visage.

— Non, ce n'est pas moi, m'a-t-elle rétorqué. Mes seins ne sont pas aussi gros. Et mes mamelons ne sont pas aussi foncés.

— Bien sûr qu'ils le sont!» ai-je insisté.

Elle m'a arraché la photo des mains et s'est dirigée vers le miroir de la chambre. Elle a ôté sa chemise de nuit et s'est mise à comparer son image à la photo. J'ai vu qu'elle comparait sa poitrine à celle de la fille. «Ce n'est pas moi, a-t-elle répété. Mes mamelons ne sont pas aussi foncés.»

Je suis venu derrière elle et j'ai commencé à caresser ses seins. «Tu ne le réalises peut-être pas, mais tes mamelons deviennent toujours plus foncés quand tu es excitée. Regarde dans le miroir et tu vas voir.»

Pendant un instant, elle est restée debout à se regarder dans la glace tandis que je frottais ses mamelons avec le bout de mes doigts pour les faire durcir.

«Tu as peut-être raison» a-t-elle dit en jetant un coup d'œil au miroir, puis à la photo. Mais je voyais bien qu'elle avait tout compris. Maintenant, elle jouait avec moi. «Est-ce que le bas est ressemblant aussi?» a-t-elle demandé. Elle a ébouriffé sa toison afin de donner à son sexe la même apparence que celle de la photo. J'ai commencé à la caresser à cet endroit et, très vite, nous avons roulé sur le lit, la photo à côté de nous. Nous avons fait l'amour comme nous ne l'avions jamais fait auparavant.

Elle a gardé la photo dans un tiroir de sa table de nuit pendant quelque temps. Quand elle se sentait d'humeur badine, je la trouvais sous mon oreiller, comme une sorte de signal. Et on prenait de nouveau du bon temps à comparer les différentes parties de son corps à celles de la photo.

Nous avons toujours ce cliché. Mais tu sais ce que c'est, après un moment, on s'est un peu fatigués de ce jeu. On y joue encore de temps en temps. Ce que je fais maintenant, c'est prendre dans un *Playboy* ou un *Penthouse* une photo qui me fait un effet terrible. Puis je me contente de coller la tête de Suzanne sur celle du modèle. Habituellement, je le fais sans que Suzanne le sache. Puis je laisse la revue sur notre lit.

Le soir, quand nous sommes couchés, nus, Suzanne feuillette le magazine jusqu'à ce qu'elle trouve la photo falsifiée. Elle la montre alors du doigt en disant: «Tu ne trouves pas que c'est une bonne photo de moi?»

Si c'est une photo qui met l'accent sur les seins du modèle, elle dira, par exemple: «Est-ce que ce cliché ne fait pas paraître mes seins un peu gros et ronds? Aimerais-tu te sentir pris entre eux deux?» Alors, pendant que je regarde l'image, elle enferme mon pénis et mes testicules entre ses seins. Quand elle fait ça, j'imagine que c'est la femme de la photo qui le fait. Suzanne s'en fout. Je peux même dire que l'idée ne lui déplaît pas.

S'il arrive qu'il s'agisse d'une de ces photos où le modèle pose les jambes grandes ouvertes, sexe exposé et ouvert, ma femme imite cette pose sur le lit. Elle se renverse en arrière et écarte au maximum ses cuisses tout en se caressant pendant que je regarde. «C'est comme ça que je posais quand on a tiré celle-là.»

Quelquefois, elle prend ma main et la dépose sur une partie de son corps pendant que je regarde la page centrale. Puis, tandis que je la caresse, elle me décrit ce qu'elle ressent. Ou encore elle me désigne certains endroits sur la photo et dit: «Touche-moi là. Mets ta langue à cet endroit.» J'obéis, sans perdre de vue la photo, et j'imagine que je suis avec le modèle.

Quelquefois, quand nous faisons l'amour, elle laisse la revue ouverte à côté d'elle. Alors, quand je lui monte dessus, je peux regarder la photo et faire comme si je faisais l'amour avec le modèle. Suzanne le sait et ne fait rien pour m'en dissuader. On peut même dire qu'elle m'y encourage.

Un jour, j'ai trouvé une photo terriblement sexy. C'était un modèle qui avait de longs cheveux blonds et une toison brune. Quand j'ai collé le visage de Suzanne sur la photo, j'ai bien pris soin de laisser apparents les cheveux blonds. Suzanne, qui est brune, trouvait que le corps du mannequin était identique au sien. Elle a regardé la photo avant de préciser: «On m'a fait porter une perruque blonde pour cette photo. Mais on n'en a pas trouvé une pour le bas.» Cette photo semblait lui faire plus d'effet qu'aucune autre et nous avons eu une nuit vraiment très chaude.

Quelques jours plus tard, Suzanne m'a vraiment surpris. Comme je me préparais à aller au lit, j'ai trouvé le même magazine sur mon oreiller, ouvert à la même page. Quelques instants plus tard, ma femme est sortie de la salle de bain avec une perruque de longs cheveux blonds. Elle voulait vraiment épouser le personnage. Pour moi, c'était comme faire l'amour avec une autre femme.

Il lui arrive encore de sortir cette photo et de porter la perruque blonde au lit. C'est une façon d'apporter un peu de piment dans notre existence et de garder bien vivante notre vie sexuelle. Tant que cela se passe avec elle, ça excite Suzanne de penser que je drague quelqu'un d'autre. Et je dois admettre que ça me stimule aussi.

ROSE ET BILL

Iris:

Rose enseigne la littérature anglaise et américaine dans un collège du sud de la Californie. Je l'ai rencontrée alors que Steve et moi étions dans ce collège pour participer à un séminaire professionnel. Après une courte conversation, nous avons découvert que nous venions du même quartier de New York et que nous avions grandi à quelques pâtés de maisons l'une de l'autre. Nous ne nous connaissions pas, mais nous nous sommes découvert des connaissances communes, et avant longtemps nous devenions amies.

Ce qui impressionne le plus chez Rose, c'est son côté sophistiqué. Sans paraître arrogante ou prétentieuse, elle donne l'impression d'avoir tout vu, tout vécu. C'est pour cette raison que j'ai été légèrement surprise par sa réaction quand je lui ai raconté que Steve et moi travaillions à un livre sur les fantasmes sexuels.

Rose a eu un petit rire nerveux. «Un an après mon mariage, je ne savais même pas que les fantasmes sexuels existaient. Je l'ai su grâce à John Cleland.»

Les paroles qui ont suivi m'ont rappelé que Rose était professeur de littérature. «Il a écrit *Les Mémoires de Fanny Hill,* aux environs de 1740. Je lui dois tout. Son livre m'a appris à fantasmer. Sans cela, je ne pense pas que Bill et moi serions très heureux aujourd'hui...»

* * * *

Nous nous sommes mariés une semaine après avoir obtenu notre diplôme universitaire. Nous étions plutôt ignorants de tout ce qui touche au sexe. Nous nous étions bien pelotés dans des fêtes, comme tous les jeunes gens de notre entourage, mais sans jamais aller au-delà du baiser profond. J'avais laissé Bill toucher mes seins à travers mes vêtements une ou deux fois, mais ça n'avait jamais été plus loin.

La nuit de notre mariage, j'étais si nerveuse à l'idée d'avoir une relation sexuelle que je m'en croyais tout simplement incapable. J'ai insisté pour me déshabiller dans la salle de bain parce que je ne supportais pas l'idée que qui que ce soit — même mon mari — puisse me voir nue. Bill ne s'y est même pas opposé.

En vérité, question sexe, il ne s'y connaissait pas plus que moi. Alors qu'il était en dernière année, son frère aîné lui avait arrangé une rencontre avec une prostituée. Mais il n'avait pas appris grand-chose d'elle. Apparemment, ils ne s'étaient même pas déshabillés. Elle s'était contentée d'ouvrir son pantalon, de soulever sa jupe et de se laisser pénétrer. C'était fini avant même de commencer.

C'est exactement comme ça que ça s'est passé pour moi la première fois. Quand je suis sortie de la salle de bain, vêtue de ma longue chemise de nuit de flanelle, Bill était déjà au lit. Je lui ai demandé d'éteindre la lumière avant de me glisser à ses côtés. Il était si excité que ses mains tremblaient. Il m'a grimpé dessus et, en tâtonnant quelque peu, a essayé de me pénétrer. Je ne pense même pas qu'il m'ait touché avec les mains. Il a fini par introduire son pénis dans mon vagin, tout en émettant des grognements. Je n'ai même pas eu le temps d'éprouver une quelconque douleur quand il a déchiré mon hymen. Il a éjaculé tout de suite. Puis, il s'est retiré et a roulé sur le côté.

Tout a continué de cette façon pendant près d'un an. Deux ou trois fois par semaine, il m'enfourchait, en haletant et en soufflant, puis il se détachait de moi, rassasié. Mais, ça m'était égal. Personne ne m'avait jamais dit que ça pouvait être différent, tu comprends? Alors je me figurais que ça devait se passer comme ça. Les garçons s'intéressent au sexe, les filles à la romance. Il me semblait tout à fait normal de rester allongée sous lui pendant qu'il se livrait à son petit passe-temps et jusqu'à ce qu'il se retire.

Je suppose que je ressentais un vague sentiment d'insatisfaction, mais j'aurais été bien incapable de dire d'où il me venait. Et je ne pensais pas qu'il m'était possible de faire quoi que ce soit à ce sujet.

Environ un an après notre mariage, alors que je feuilletais quelques vieux livres dans une vente de charité, je suis tombée sur *Les Mémoires de Fanny Hill*. J'étais incapable de me souvenir où j'en avais entendu parler, mais le nom de cet ouvrage m'était incroyablement familier. Ce livre ne coûtait que dix cents; je l'ai acheté ainsi que quelques autres. Quand je suis rentrée à la maison, je me suis soudainement rappelée que les filles, à l'université, soupiraient et ricanaient en parlant de *Fanny Hill*. C'était censé être très érotique.

Bill travaillait, et je n'avais pas grand-chose à faire. Alors je me suis assise et me suis mise à lire. Quel choc! Fanny, la narratrice, a des aventures érotiques pratiquement dès la première page. Les oreilles me bourdonnaient à mesure que je lisais le récit de ses aventures sexuelles, d'abord avec d'autres femmes, puis avec des hommes qu'elle ne connaissait ni d'Ève, ni d'Adam. Je suis sûre qu'au début je secouais la tête en signe de désapprobation. Mais, soudain, tout a changé.

J'en étais arrivée à une scène où Fanny est assise sur un divan à côté d'un jeune homme. Elle décrit en détail comment il a soulevé ses jupons et enlevé ses sous-vêtements pour pouvoir regarder librement ce qu'elle appelle sa «région des délices» ainsi que le «luxurieux paysage qui l'entoure». La pensée de son sexe offert aux regards gourmands du jeune homme me donnait des chaleurs.

J'ai continué à lire sa description. Elle explique ensuite comment il a ouvert ses lèvres en les écartant avec les doigts et décrit les endroits où il l'embrasse. Ses caresses et son examen, dit-elle, ont eu pour effet de faire grandir et durcir une petite partie d'elle-même. Tandis que je lisais, ma vulve s'est mise à me démanger et je me suis grattée. Je l'ai fait inconsciemment d'abord, tout en poursuivant ma lecture avec un vague sentiment de culpabilité.

Avant même que je ne réalise ce qui m'arrivait, mon vagin était en feu et j'avais, moi aussi, une petite part de moi-même qui grandissait et grossissait. Posant le livre à côté de moi, j'ai soulevé ma jupe et baissé ma culotte pour bien voir ce qui se passait. Je pense que c'était la première fois que je regardais mon sexe autrement que furtivement.

C'était excitant. Je pouvais voir le bouton rose et gonflé dont parlait Fanny dans sa narration. Je ne m'étais même jamais douté qu'il existât.

Avide d'en savoir davantage, je suis retournée au texte de Fanny tout en m'observant constamment pour vérifier ses descriptions. Elle parle de son vagin comme d'une profonde blessure de chair. Quand j'ai regardé le mien, c'est exactement de cela qu'il s'agissait. Elle compare son sexe plissé à une bouche goulue aux lèvres enflammées et gonflées qu'entoure une barbiche frisée. Jetant un regard sur mon sexe, j'ai bien dû admettre que sa description était parfaite.

Je me suis couchée sur le dos et j'ai continué à lire. Fanny détaille ensuite les choses que lui fait son compagnon. Je pouvais les visualiser dans mon esprit. Je frémissais de curiosité tandis que les lèvres de l'homme effleuraient son orifice fripé. J'imaginais la moiteur qui adhérait à ses lèvres après qu'il eut embrassé son ouverture odorante. C'est alors qu'une chose étrange est arrivée.

Plutôt que de voir ces choses arriver à Fanny, je me suis dit qu'elles m'arrivaient à moi. Je poursuivais ma lecture un moment, imaginant la langue du jeune homme sur mon sexe, ses doigts pétrissant ma vulve. J'ai repoussé le livre et fermé les yeux. J'ai vu sa langue pénétrer dans ma fente. Mais pas avec la rapidité brutale à laquelle Bill m'avait habituée. C'était tendre, lent et minutieux.

Sans y faire attention, j'avais placé la main sur mon aine et mes doigts se promenaient dans les poils frisés de mon pubis. Alors, pour la première fois de ma vie, je me suis mise à me masturber. Je n'avais même pas besoin d'y penser, je le faisais instinctivement. Quelques secondes plus tard, j'avais mon premier orgasme. Mon esprit avait chaviré dans un mélange d'images de Fanny et de moi.

Après coup, j'ai senti naître en moi un sentiment de confusion. Je commençais à prendre conscience de l'insuffisance de ma vie sexuelle. Je me posais des questions au sujet de mon mariage. C'est alors que j'ai décidé de partager avec Bill ce que je venais de découvrir.

Quand il est rentré à la maison, j'étais prête à tout lui dire. J'avais mis une belle robe avec un jupon pareil à celui que portait sans doute Fanny. Je n'avais pas de culotte. Bill m'a embrassée comme d'habitude et m'a demandé ce qu'il y avait pour dîner. Mais je l'ai conduit vers le divan et l'ai fait s'asseoir à côté de moi.

«Le dîner attendra, ai-je dit. J'ai quelque chose à te lire.»

Sans aucune explication, j'ai commencé à lui lire le chapitre qui m'avait tant troublée l'après-midi. Il a d'abord paru confus, n'écoutant pas vraiment. Puis un ou deux mots l'ont frappé et il a commencé à tendre l'oreille. Quand j'en suis arrivée au passage où le jeune homme retrousse les jupons de Fanny, j'ai remonté les miens, dévoilant d'un geste impudique mon sexe humide.

Il a été surpris, mais je dois dire qu'il est bon élève. En moins d'une minute, il était agenouillé entre mes cuisses et fixait mon sexe, qu'il caressait. Au moment où Fanny décrit cette petite partie d'elle-même, si enflammée et si dure, Bill a découvert mon clitoris et s'est mis à jouer avec. D'abord avec ses doigts, puis avec sa bouche. J'ai essayé de continuer à lire mais ma vue s'est brouillée et j'ai dû fermer les yeux.

Quelques instant plus tard, j'avais l'orgasme de ma vie. C'était encore meilleur que le premier. Je gémissais et sanglotais sans pouvoir m'arrêter. Quand ça s'est calmé, je me suis sentie un peu coupable de prendre tant et de donner si peu. Mais quand j'ai regardé le visage de Bill, j'ai vu dans ses yeux une étincelle inconnue. Il était fier de m'avoir donné un tel plaisir. Il m'a embrassée avec tant d'ardeur que j'ai su que notre mariage allait s'améliorer de jour en jour. Je ne me trompais pas.

Notre vie sexuelle est devenue merveilleusement variée. Aujourd'hui encore, quand je veux quelque chose de spécial, je fais asseoir Bill à côté de moi sur le divan et je lui fais la lecture. Parfois, ce sont des passages de *L'Amant de Lady Chatterley,* ou des extraits d'autres classiques de la littérature érotique. D'autres fois, je lui lis le même passage de *Fanny Hill.*

Pendant que je lis, Bill et moi imaginons les personnages de l'histoire. Puis nous y entrons nous-mêmes. Alors, la fête commence. Nous pouvons commencer en mimant ce que je suis en train de lire. Mais nous pouvons aussi fignoler notre propre fantasme, que nous jouons alors avec la passion de la première fois.

STANLEY ET MICHÈLE

Steve:

Après l'une de mes conférences sur le sexe et la loi, Stanley, infirmier dans un hôpital psychiatrique, s'est approché de moi pour me poser quelques questions. Il voulait savoir si un homme et son épouse peuvent être poursuivis pour avoir pris des photos obscènes l'un de l'autre. Je lui ai expliqué que la Cour suprême des États-Unis a élaboré une définition très précise de l'«obscénité», et que ce terme ne peut être appliqué à de simples photos érotiques.

Stanley, garçon très bavard, s'est mis à me décrire ses photos sans aucune gêne. Quand il a eu terminé, je l'ai assuré de la parfaite légalité de ses actes. Puis, j'ai obtenu la permission d'inclure son histoire à ce livre...

****

Quand Michèle et moi sortions ensemble, on adorait avoir des conversations osées au téléphone. Nous nous connaissions depuis un moment déjà et passions souvent nos soirées à faire l'amour. Quelquefois, pendant la journée, je l'appelais à son travail pour parler de ce que nous avions fait la veille. Ou alors elle m'appelait et me parlait des choses que nous allions faire. Nous avons continué ce jeu après notre mariage. Puis, presque accidentellement, nous avons découvert une façon de donner un nouvel élan à nos fantasmes téléphoniques.

Je venais d'acheter un polaroïd — ce truc qui donne une photo en quelques secondes. C'était un appareil drôlement sophistiqué. J'étais assis sur le lit, lisant les instructions et essayant de comprendre le fonctionnement de l'appareil, quand Michèle est venue chercher quelque chose sur sa coiffeuse. Elle portait une courte chemise de nuit et, quand elle s'est penchée pour fouiller dans le tiroir, son derrière nu s'est placé juste sous mes yeux. Je n'ai pas pu résister à l'envie de prendre une photo d'elle dans cette position.

J'allais la lui montrer quand le téléphone a sonné. Cela m'a distrait et je n'y ai plus pensé. Le lendemain, quand je me suis souvenu de la photo, Michèle était déjà partie. Alors, je l'ai mise dans ma poche et je suis sorti. L'après-midi, je déjeunais seul quand je me suis souvenu de la photo. Je l'ai sortie et l'ai regardée.

C'était vraiment sexy. Le corps de Michèle m'excite toujours, avec ou sans vêtements. Mais la photographie avait quelque chose de très particulier. La petite chemise de nuit encadrait ses fesses fermes. Je voyais même quelques-uns de ses poils me faire des clins d'œil. Plus je regardais, plus ça m'excitait.

J'ai téléphoné à Michèle. Quand je l'ai eue au bout du fil, je lui ai dit: «Tu ne devineras jamais ce que je suis en train de regarder.

— Quoi?

— Le plus beau cul de la ville», ai-je répondu. Je lui ai alors parlé de la photo. Je la lui ai décrite et lui ai dit qu'elle m'excitait.

Michèle a sauté à pieds joints dans le jeu. «Ce soir, a-t-elle dit, je te le montrerai encore. Je te permettrai même de l'embrasser, si tu veux.»

On a bavardé un moment, puis nous sommes retournés travailler. Mais il m'était difficile de me concentrer. En arrivant à la maison, ma tête était remplie d'idées polissonnes.

Nous avons couru vers la chambre et, en nous déshabillant, nous nous sommes tour à tour photographiés avec le nouvel appareil. Une fois nus, nous avons posé dans les positions les plus sexy possibles. Après avoir épuisé trois ou quatre pellicules, nous étions si excités que nous avons sauté sur le lit et commencé à faire l'amour. Je pense que nous avons eu quatre orgasmes chacun cette nuit-là.

Le jour suivant, Michèle m'a appelé à son tour. Elle regardait quelques-unes des photos que nous avions prises la veille. En soupirant, elle m'a décrit chacune d'elles en détail, me mettant à nouveau dans tous mes états. Elle parlait de celles que j'avais prises, puis me disait à quel point ça l'excitait de regarder celles qu'elle avait prises de moi. Quelques heures plus tard, elle m'a rappelé et m'a presque rendu fou de désir. Cette nuit-là, nous avons magnifiquement fait l'amour.

Nous continuons à prendre des photos. Nous avons toujours le premier jeu, mais nous en avons ajouté beaucoup d'autres à notre collection. J'ai même acheté un trépied pour pouvoir nous photographier à deux.

Nous adorons nous appeler dans la journée et fantasmer ensemble. Regarder les photos pendant que nous en parlons rend nos fantasmes plus réels. C'est un peu comme si nous avions des relations sexuelles en plein milieu de la journée, sauf que cela se passe au téléphone. Et nous savons que ça va nous donner un coup de fouet pour une vraie nuit de délices.

5

Et si on nous voyait?

En 1947, le médecin anglais Eustace Chesser écrivait que «la peur cause des ravages dans la vie sexuelle de dizaines de milliers de personnes». Plus de quarante ans plus tard, il ne fait aucun doute qu'elle continue d'influencer grandement les comportements sexuels. Les craintes qu'engendre la sexualité occupent une place très particulière dans la pensée occidentale. Quelques écrivains font remonter les origines de cette peur à l'ère de la chrétienté médiévale.

Au Moyen Âge, le châtiment qui sanctionnait les rapports sexuels entre hommes allait parfois jusqu'à la castration. Les femmes immorales étaient traînées dans les rues, publiquement torturées, puis lapidées. Quiconque se dressait contre la répression sexuelle pouvait être condamné pour hérésie et exécuté.

La littérature de cette époque regorge d'exemples illustrant cette philosophie «antisexe». Le Décaméron, écrit par Boccace vers le milieu du XIVe siècle, n'est qu'une longue suite d'histoires où hommes et femmes sont sévèrement punis pour avoir cédé à leurs désirs de luxure. Dans l'un de ces contes, le roi Frédéric de Sicile trouve deux amoureux endormis dans l'une des chambres de son palais. Courroucé, Frédéric ordonne leur exécution immédiate. Les malheureux amants sont amenés nus sur la grand-place et liés dos à dos sur le bûcher où ils vont être brûlés. Alors que l'on com-

mence à empiler le bois autour d'eux, les amoureux demandent qu'on les attache face à face pour qu'ils puissent se
regarder. Un amiral de la flotte royale fut si ému par cette
requête qu'il les fit libérer.

De nos jours, on n'exécute plus les gens qui ont eu des
relations sexuelles avec un partenaire consentant. Cependant, et bien que les risques ne soient plus les mêmes qu'au
XIVe siècle, le sentiment de honte que nous entretenons parfois en ce qui concerne nos comportements sexuels accen-
tue notre crainte d'être découverts. L'expression «être pris les
culottes baissées», par exemple, fait explicitement allusion à
une image sexuelle pour décrire une situation embarrassante
et ce, même si le sexe en est totalement absent.

Pour beaucoup de gens, cette sensation de honte liée au
sexe est ressentie comme une entrave à la vie émotionnelle. La
seule perspective d'être surpris par un étranger pendant une
relation sexuelle génère une telle angoisse chez certaines personnes qu'elle suffit généralement à anéantir en elles toute
forme de désir. Mais il en est d'autres qui tirent de ce sentiment
de peur des sensations si intenses que c'est délibérément
qu'elles tentent de le créer au cours de leurs ébats amoureux.

Bon nombre de couples avec lesquels nous nous sommes
entretenus ne détesteraient pas qu'on les surprenne en train
de faire l'amour. Pour accroître leur plaisir, un petit nombre
d'entre eux vont jusqu'à se placer volontairement dans des
situations où ils pourraient être surpris. Si tous admettent
franchement que la peur, réelle ou imaginaire, rend plus stimulants leurs jeux sexuels, aucun d'eux n'a pu nous expliquer pourquoi.

Quoique les psychologues divergent dans leurs tentatives
d'expliquer les raisons qui font de la peur un facteur d'excitation pour certains individus, tous en admettent cependant les
effets physiologiques. Le système nerveux sympathique réagit
à la peur par un accroissement de la production d'adrénaline et
de sucre dans le sang, par une accélération des rythmes car-
diaque et respiratoire et par une intensification de la circulation
sanguine dans tous les muscles externes. Peut-être n'est-ce là
qu'une coïncidence, mais ces réactions physiques sont presque
toujours associées à l'excitation sexuelle.

GABY ET BARRY

Steve:

Quand j'étais avocat, un confrère plus âgé que moi, Barry, avait son bureau dans le même immeuble que le mien. Je n'avais jamais rencontré un homme aussi conservateur. Ses costumes et ses cravates avaient toujours les mêmes couleurs austères — brun, noir, gris ou bleu. Il ne portait que des chemises blanches à col amidonné. Barry était un de ces avocats de cabinet qui n'avaient jamais à se présenter en Cour. Chaque matin, à 8 h 55 précises, il prenait place derrière un bureau parfaitement rangé et y travaillait, l'air absorbé, jusqu'à 12 h 15, heure à laquelle il sortait pour déjeuner — toujours dans le même restaurant. Après quoi on le retrouvait à son bureau à 13 h 35.

Son épouse, Gaby, était exubérante tant dans ses tenues que dans ses comportements. Elle aimait porter des couleurs vives et se coiffait comme une adolescente. Un rire contagieux, musical, ponctuait presque toutes ses phrases. Chaque fois que je la voyais avec Barry, je me demandais ce que ces deux êtres pouvaient bien avoir en commun. C'est alors que Gaby m'a fait comprendre, lors d'une conversation, qu'il est absurde de fonder un jugement sur des apparences extérieures.

Un soir, alors que je sortais du bureau, j'ai aperçu Gaby et Barry dans le stationnement souterrain de notre immeuble. Ils étaient dans leur voiture. Normalement, Barry aurait dû être parti depuis une demi-heure déjà. J'ai cru qu'ils avaient un problème de moteur. Lorsque je me suis arrêté pour leur demander s'ils avaient besoin d'aide, j'ai vu que Gaby portait un manteau de fourrure. J'ai trouvé cela étrange pour la saison, mais je me suis dit qu'il s'agissait là d'une autre de ses excentricités. Je les ai quittés lorsqu'ils m'ont dit qu'ils ne faisaient que discuter et que leur voiture était en parfait état.

Une semaine plus tard, en attendant Barry qui était occupé au téléphone, Gaby est venue dans mon bureau pour bavarder un instant. Affichant son sourire le plus espiègle, elle m'a dit: «La semaine dernière, quand vous nous avez vus dans le garage, je parie que vous n'avez pas deviné que je ne portais rien sous mon manteau.»

Intrigué, je lui ai répondu: «Non, je n'ai pas pensé à cela, mais j'aimerais beaucoup en savoir plus.»

Gaby a gloussé. «Je me doutais bien que ça vous intéresserait...»

* * * *

Vous savez, tous s'imaginent que mon Barry n'est qu'un bon nounours, mais ils se trompent. Sexuellement, c'est un tigre. Nous nous sommes rencontrés à la fin de ses études de droit. Que nous nous trouvions dans un cinéma, un restaurant, ou dans un autre endroit, jamais il ne cessait de poser ses mains sur moi. Il me tripotait les jambes sous la table ou me caressait dans la pénombre des salles de spectacle. Mais c'est dans la voiture qu'on passait nos meilleurs moments. Nous cherchions d'abord un endroit tranquille. Ça nous prenait parfois des heures avant de trouver le coin idéal, puis on sautait sur la banquette arrière et on faisait l'amour. Vous ne pouvez pas imaginer toutes les positions que nous sommes parvenus à prendre dans cette voiture.

Malgré nos précautions, nous courions sans cesse le risque d'être vus. Dans un sens, ce sentiment de danger rendait encore plus excitants nos ébats amoureux. La possibilité d'être surpris était constamment présente à notre esprit et, au début, on faisait l'amour très rapidement. Mais après un certain temps, on a commencé à prolonger délibérément la durée de nos séances amoureuses, savourant les risques que cela comportait.

Nos rapports sexuels continuent à être satisfaisants, mais l'excitation des premiers temps commence à me manquer. Alors la semaine dernière, j'ai décidé de faire bouger les choses. Il était prévu que je passe prendre Barry au bureau après son travail. Avant de partir, je lui ai téléphoné pour lui dire que, n'étant pas vraiment habillée, il m'était impossible de monter à son bureau et que je l'attendrais dans le garage souterrain.

Il n'était au courant de rien, bien sûr, mais j'étais décidée à aller jusqu'au bout. Je me suis douchée, parfumée et j'ai enfilé, pour tout vêtement, mon manteau de fourrure. Quand je suis sortie de la maison, j'étais déjà tout excitée. Lorsque je suis entrée dans la voiture, mon manteau s'est ouvert, découvrant mes jambes presque jusqu'à la hauteur de mon sexe. Je savais que personne ne pouvait me voir, mais j'ai éprouvé une délicieuse sensation en songeant à cette possibilité.

Une fois dans le garage, j'ai attendu Barry, essayant d'imaginer sa réaction. Je suis restée derrière le volant jusqu'à ce qu'il soit assis à côté de moi et, lorsque je me suis penchée vers lui pour l'embrasser, j'ai volontairement laissé s'entrouvrir mon manteau.

Il a été choqué. «Mon Dieu! Gaby, où sont tes vêtements?»

J'ai complètement ouvert le manteau. «Je t'ai dit que je n'étais pas habillée.»

Barry est resté là à me regarder fixement. J'ai bien vu qu'il commençait à s'exciter. Soudain, il m'a prise dans ses bras et m'a embrassée passionnément.

«Je me suis souvenue de nos débuts, lui ai-je dit, quand nous avions l'habitude de nous déshabiller et de faire l'amour dans la voiture. J'ai eu envie de recommencer!»

Barry est devenu nerveux et a essayé de refermer mon manteau. Heureusement, puisque vous êtes arrivé quelques minutes plus tard! Aussitôt après votre départ, Barry m'a dit: «Il était moins une!» Son expression me disait qu'il se souvenait très bien du piquant de nos premières expériences sexuelles.

«Tu sais, nous ne sommes plus des enfants, lui ai-je fait remarquer, et nous sommes mariés. Nous n'aurions sans doute pas d'ennuis si quelqu'un nous voyait.

— Mais songe à quel point il serait embarrassant d'être vus dans cette posture, a-t-il répliqué.

— Encore faudrait-il qu'on nous surprenne, lui ai-je répondu en rouvrant mon manteau. Ce serait si facile. Il suffirait que tu ouvres ta braguette et que je m'assoie sur tes genoux. Le manteau nous couvrirait. Même si quelqu'un arrivait, il ne saurait pas ce que nous faisions. Il s'imaginerait tout au plus qu'on fait les fous.»

Je savais qu'il n'oserait pas faire l'amour mais je voyais bien que l'idée ne lui déplaisait pas. Pendant que je lui parlais, il a glissé ses mains sous mon manteau et m'a caressée, m'encourageant à continuer.

«Ou alors je pourrais me pencher sur toi et te prendre dans ma bouche.

— Tu sais quoi? m'a-t-il dit, changeons de siège et tu pourras continuer à me parler pendant qu'on rentre à la maison.» L'excitation rendait sa voix rauque.

Je suis sortie de la voiture pour laisser Barry se glisser sur le siège du conducteur. Au moment où je suis passée devant l'auto, je me suis tournée vers lui et j'ai ouvert mon manteau afin qu'il puisse contempler mon corps nu à travers le pare-brise. Puis je l'ai refermé et je me suis assise à ses côtés.

Tandis que nous sortions du garage, je lui ai rappelé ces nombreuses fois où nous avions fait l'amour dans la voiture, quand on était plus jeunes, notamment le jour de cette invitation à dîner, à l'époque où il préparait ses examens. Nous ne nous étions pas rencontrés depuis une semaine et j'étais si excitée à l'idée de le revoir qu'une fois habillée pour notre rendez-vous, j'avais décidé de ne pas mettre de sous-vêtements. Au moment de sortir de la voiture pour entrer dans le restaurant, j'avais pris sa main et l'avais fourrée sous ma jupe. Il s'attendait à toucher une culotte et avait été si surpris et excité par ce contact direct qu'il en avait perdu l'appétit. Au lieu de commander notre dîner, il avait dit au serveur qu'on avait changé d'avis et on était partis. On avait pris la voiture et on était allés se garer non loin de là, dans une rue calme. On avait fait l'amour et ça avait duré, en tout et pour tout, trente secondes.

Je peux dire que mes paroles produisaient un certain effet sur Barry. Alors qu'il est généralement très concentré lorsqu'il conduit, il quittait sans cesse la route des yeux pour me regarder. Chaque fois que nous nous arrêtions à un feu rouge, j'ouvrais grand mon manteau afin de lui montrer toutes ces parties de moi qui sont habituellement couvertes en public. À un certain moment, il m'a semblé qu'un camionneur m'observait et l'excitation à l'idée d'être éventuellement surpris dans notre manège s'est ajoutée à mon trouble. Je pense que Barry l'a remarqué lui aussi.

J'ai continué de décrire nos expériences sexuelles passées jusqu'à ce que Barry atteigne les limites de l'excitation. «J'espère qu'il n'y aura pas trop de circulation, a-t-il dit, haletant, je ne pourrai jamais attendre de t'avoir ramenée à la maison.

— Si la circulation devient dense au point de nous immobiliser, il nous suffira de passer sur le siège arrière et de faire l'amour en attendant que les voitures recommencent à avancer.» Puis j'ai commencé à lui décrire quelles seraient nos sensations si nous faisions l'amour entourés de tous ces gens dans leurs voitures, leurs camions, observant chaque détail. Je dois avouer que notre conversation m'excitait moi aussi.

Le temps d'arriver à la maison et nous étions, l'un comme l'autre, dévorés de désir. Je ne vous raconterai pas en détail ce qui a suivi, sachez seulement qu'un jeune homme comme vous pourrait en apprendre beaucoup de mon Barry. Il était tellement stimulé par mon petit jeu de fantasmes qu'il aurait pu en remontrer à n'importe quel homme de vingt ans plus jeune que lui.

Quand nous avons fait l'amour les nuits suivantes, Barry a continué de parler de ma visite dans le stationnement. Il m'a même demandé de tourner autour du lit uniquement vêtue de mon manteau de fourrure. Je crois qu'il envisage la possibilité de faire l'amour dans la voiture, comme je le lui ai suggéré.

J'espère qu'un jour nous aurons le courage de le faire mais, pour l'instant, nous devons nous contenter de notre fantasme. Je sais ce que vous pensez. Si jamais nous décidons de faire l'amour dans la voiture, je ne vous dirai pas où et quand cela se passera!

MARIE ET JACQUES

Iris:

Quand Steve et moi sommes arrivés dans le sud de la Californie, nous avons entrepris un petit élevage de chèvres laitières pour nous distraire. Comme nous ne possédions pas de mâle, il nous fallait emmener nos femelles, lorsque venait le moment de la reproduction, dans une ferme située non loin de là. Jacques et Marie, les propriétaires de cette ferme, avaient été baptisés par le voisinage les «gens aux chèvres».

Jacques était un homme austère, invariablement vêtu d'une salopette. Il avait une quarantaine d'années, mais il paraissait plus âgé. Je suis allée à la ferme plusieurs fois mais je ne l'ai jamais vu aligner plus de quinze mots à la suite. Par contre, Marie était une femme charmante qui adorait bavarder. Elle m'a étonnée plus d'une fois par la franchise de ses propos et la crudité de son langage lorsqu'elle parlait de ses chèvres, de leurs organes sexuels et de leur copulation.

Un après-midi, alors que nous attendions hors de l'étable que son bélier s'intéresse à l'une de mes chèvres, Marie m'a demandé: «C'est bien vous qui écrivez des livres cochons, non?»

Bien que Steve et moi n'ayons jamais tenu secrètes nos activités, je n'avais jamais pensé que la «dame aux chèvres» sût quoi que ce soit à notre sujet. Je suis restée un moment silencieuse, essayant de formuler une réponse, mais tout ce que je suis parvenue à dire fut: «Eh bien! disons que je ne les définirais pas exactement comme tels.

— Oh! je ne voulais surtout pas vous offenser, a-t-elle dit, je voulais simplement dire que vous écrivez des livres sur la sexualité. C'est bien vrai, n'est-ce pas?»

J'étais très embarrassée et cela devait se voir car elle a ajouté: «Il n'y a rien de mal dans les livres qui parlent de sexe. Je dois même avouer que j'aime bien ça. En fait, je connais une histoire qui, à mon avis, serait parfaite pour un livre cochon. Peut-être que vous pourriez l'utiliser. Je vous demanderai simplement de ne pas mentionner nos noms. Ça nous concerne, Jacques et moi. Et cette étable-là.» Elle a pointé le menton vers la bâtisse de bois. «Jacques et moi avons fait l'amour dans cette étable avant même que la propriété ne nous appartienne...»

****

Nous sommes originaires du Midwest, mais il y a six ans, quand un promoteur a acheté la terre que j'avais héritée de mes parents, nous avons décidé de nous établir en Californie où les hivers sont moins rudes. Jacques est d'abord venu en reconnaissance pendant que je restais à la maison pour mettre de l'ordre dans nos affaires. Deux semaines plus tard, il m'a appelée, tout excité, pour me dire qu'il avait trouvé l'endroit de nos rêves, qu'il fallait que je vienne immédiatement.

Jacques était si impatient de me montrer la ferme qu'il avait demandé à l'agente immobilière de l'accompagner à l'aéroport. On a mis ma valise dans le coffre de la voiture qui nous a conduits tout droit à la ferme. Je voulais visiter la maison en premier, mais tout ce qui semblait intéresser Jacques, c'était l'étable. L'agente nous a dit d'aller la visiter pendant qu'elle nous attendrait dans la maison.

Jacques m'a alors prise par la main et m'a menée jusqu'à l'étable. On en a d'abord fait le tour. Comme je portais une robe longue, j'ai dû la relever à plusieurs reprises quand nous avons franchi la barrière de l'enclos pour que le bord ne traîne pas dans la saleté. Et chaque fois que je le faisais, Jacques jetait un regard gourmand sur mes jambes. J'étais ravie de le voir me regarder ainsi. Après un moment, il a voulu qu'on rentre pour que je puisse voir les aménagements intérieurs.

L'intérieur de l'étable était sombre et frais, exactement ce qu'on attend d'une étable par une journée aussi chaude que celle-là. J'ai tourné la tête pour laisser mes yeux s'accoutumer à la pénombre et c'est à ce moment-là que Jacques est arrivé par derrière et m'a enlacée. Vous savez, Jacques ne parle pas trop, mais c'est un homme très passionné. On ne s'était pas vus depuis deux semaines et on n'était jamais restés séparés si longtemps.

Il s'est mis à me caresser et j'ai commencé à être vraiment émoustillée. «Ne fais pas ça, Jacques! Si quelqu'un nous voyait!» Pour toute réponse, il a collé sa main sous ma jupe et s'est mis à me masser le clitoris. J'ai senti ma culotte devenir tout humide et j'ai su que je ne voulais pas vraiment qu'il arrête. Une seconde plus tard, il se frottait contre moi après avoir relevé ma robe sur les hanches.

«Et si la dame de l'agence arrive, Jacques?» Mais il continuait comme s'il ne m'entendait pas.

J'ai toujours essayé d'être convenable mais je dois admettre que, cette fois-là, je n'avais pas vraiment envie de résister. En réalité, l'idée que l'agente immobilière puisse entrer donnait à l'aventure quelque chose d'excitant. J'irais même jusqu'à dire que j'avais envie qu'elle nous surprenne.

Jacques bandait tellement qu'il n'a même pas pris le temps d'enlever ma culotte. Il l'a juste tirée sur le côté et s'est plaqué contre moi. Son jean était ouvert et son pénis, dressé comme une épée, essayait de me pénétrer. J'ai fermé les yeux et j'ai imaginé que la femme nous observait, dans l'embrasure de la porte, comme je le fais parfois avec les chèvres. Je nous voyais comme un couple d'animaux en rut et ça me rendait folle.

Jacques est un amant très consciencieux. Habituellement, quand il fait l'amour, il arrive à se contrôler et à se retenir jusqu'à ce que je sois prête. Mais ce jour-là, il était comme un bouc. Tout ce qu'il voulait, c'était me pénétrer et me faire l'amour. Son désir était palpable. Il devenait incontrôlable et je commençais à devenir comme lui.

Il s'arc-boutait contre moi, heurtant à chaque fois mes chairs tendres. J'ai fini par être aussi excitée que lui. Pour lui faciliter les choses, j'ai levé un pied et l'ai posé sur une barrière. Ça l'a rendu fou. Une seconde plus tard, il était en moi. Ah! que c'était bon! J'avais le sentiment d'être une salope, si vous voyez ce que je veux dire. On faisait quelque chose d'indécent, mais c'était si délicieux! Je n'ai pas cessé de me dire que l'agente immobilière allait entrer et nous regarder.

On butait violemment l'un contre l'autre. Jacques était vraiment en rut et j'étais terriblement excitée. Deux secondes plus tard, il se mit à rugir. J'ai senti qu'il éjaculait. Alors, avant même que je m'en aperçoive, je me suis mise à crier et j'ai joui moi aussi. Je me disais au moins que si personne ne nous voyait, au moins quelqu'un nous entendrait.

Tout s'est passé très vite. Je pense que le risque d'être surpris n'est pas du tout étranger à cela. Ensuite, Jacques m'a embrassée gentiment puis il a remonté la fermeture éclair de sa braguette pendant que je remettais de l'ordre dans mes vêtements.

Il est resté silencieux un moment, puis a contemplé l'étable et a dit: «Je sais que cet endroit va nous porter chance.»

Nous sommes retournés à la maison et avons fait une offre pour la ferme. Nous ne l'avons jamais regretté.

Et je vais vous dire une chose: nous n'avons jamais oublié que nous avons fait l'amour dans cette étable. Maintenant encore, il arrive que je sois en train de traire les chèvres et que Jacques arrive derrière moi, me caresse les fesses et me dise: «Hé! Marie, tu te souviens de ce jour où nous sommes venus ici avec l'agente immobilière?»

À l'instant même où il me dit ça, je deviens toute mouillée et je suis prête. Quelquefois, il me taquine un moment et me dit: «Tu sais, chaque fois que je la vois en ville, elle me regarde bizarrement. J'ai l'impression que cette fois-là, elle s'était faufilée à l'intérieur et qu'elle a tout vu.» Il répète ça toutes les deux minutes, jusqu'à ce que je meure d'envie de faire l'amour là, au même endroit.

Quelquefois, je me contente de relever ma jupe et nous faisons ça dans l'étable, comme nous l'avons fait ce jour-là, debout, sans même nous déshabiller. D'autres fois, nous en parlons toute la journée, jusqu'au moment de se coucher. Alors, une fois au lit, il me fait l'amour très lentement, en me parlant de ça. J'adore m'imaginer que quelqu'un nous surprend en train de baiser, que cette femme que nous voyons régulièrement à présent nous regardait le jour où j'ai posé mon pied sur cette barrière et où Jacques m'a pénétrée. Ça m'excite toujours terriblement et quel que soit mon état de fatigue, ça me donne assez d'énergie pour une folle nuit d'amour.

TONY ET VICKI

Iris:

Mon ami Tony, qui a fait ses études d'architecte, s'est rendu compte un jour qu'il préférait construire les maisons plutôt que de les dessiner. Il y a un an environ, il a obtenu son permis d'entrepreneur. Depuis lors, il essaie de s'implanter sur le marché de la construction. Récemment, je l'ai mis en rapport avec l'une de mes connaissances qui devait rénover un immeuble à appartements et qui cherchait un entrepreneur pour les travaux de construction. Quelques jours plus tard, Tony est passé me voir, avec son petit sourire sûr de lui au coin des lèvres. «J'ai eu le boulot, m'a-t-il dit, un peu fanfaron. C'est surtout parce que je suis exactement l'entrepreneur dont ils ont besoin. Mais, je dois bien l'admettre, je n'aurais pas eu le contrat sans ta recommandation. Alors en retour, je vais te faire une vraie faveur.»

Je ne savais pas du tout ce qu'il avait en tête, aussi me suis-je contentée de froncer légèrement les sourcils d'un air interrogateur.

Tony a adopté l'attitude d'un roi qui s'apprête à offrir un cadeau de grande valeur. «J'ai entendu parler du livre que ton mari et toi écrivez, a-t-il dit, et je vais te donner la permission d'y insérer l'un de mes fantasmes les plus personnels.»

En riant, je lui ai répondu: «Qu'est-ce qui te fait croire que tes fantasmes nous intéressent?

— C'est un superfantasme, m'a-t-il répondu. Ma femme, Vicki, l'adore, et je suis sûr que, quand tu l'auras entendu, tu l'aimeras toi aussi...»

****

Tout a débuté quand j'étais au collège. J'étais constamment fauché à cette époque et je ne pouvais compter que sur mes chèques de bourse. Je ne possédais que deux jeans et quelques chemises. La plupart du temps, je n'avais même pas les moyens de m'acheter des sous-vêtements et des chaussettes.

Quand j'allais à la laverie, je prenais tous les vêtements que je possédais pour que la machine soit pleine. J'y allais à trois ou quatre heures du matin, quand l'endroit était désert, et je me débarrassais de tous les vêtements que je portais pour les jeter dans la machine avec le reste du linge. J'avais toujours peur qu'un policier n'arrive et ne m'arrête pour

où nous avons fini, le lavage était terminé. On a reparlé de cette expérience de nombreuses fois depuis, même si on n'a jamais refait l'amour de cette façon. Certaines nuits, quand nous sommes couchés, l'un de nous ramène l'histoire sur le tapis, décrivant ce mélange de peur et d'excitation que nous avons éprouvé. Le seul fait d'en parler nous met toujours dans tous nos états et ça se termine généralement par une baise incroyable.

Maintenant qu'on a une maison, il nous arrive même de rejouer la scène dans notre buanderie. Parfois, quand on se sent particulièrement stimulés, on fait notre lessive tard dans la nuit. Alors on se raconte l'histoire de la laverie tout en jetant nos vêtements dans la machine à laver. Vicki s'assoit sur la sécheuse et on fait l'amour pendant que les machines tournent, murmurant tour à tour notre propre version de l'aventure. Bien sûr, plus personne ne peut nous surprendre, mais c'est quand même bien agréable d'imaginer que quelqu'un le pourrait.

Le seul fait d'en parler m'a terriblement excité. Je crois que je vais rentrer à la maison et aider Vicki à faire le lavage.

Ne t'avais-je pas dit que tu allais adorer cette histoire?

6

C'est quoi ton nom, déjà?

Dans le *Complexe d'Icare*, le très licencieux ouvrage d'Erica Jong, l'auteur traite de l'un de ses fantasmes favoris: la «baise sans effeuillage». «Sans effeuillage», parce qu'elle parle d'une passion si violente qu'elle ouvre les fermetures éclair et fait se volatiliser les sous-vêtements. Elle dit qu'au stade ultime, rapidité et anonymat sont des ingrédients essentiels de la «baise sans effeuillage». Les participants doivent faire l'amour dès les premiers instants de leur rencontre, puis se séparer aussi vite, et ce avant même de connaître le nom de l'autre.

Dans l'un des scénarios qu'Erica Jong consacre à la «baise sans effeuillage», on voit un soldat hirsute entrer dans un compartiment de chemin de fer et prendre place à côté d'une veuve vêtue de noir. Le train s'enfonce dans la campagne italienne. Sans un mot, le soldat caresse les cuisses de la veuve. Quelques instants plus tard, alors que le train passe dans un tunnel, ils se jettent l'un sur l'autre et font l'amour. À la gare suivante, la veuve descend du train. À aucun moment ils n'ont échangé une parole.

Ordinairement, l'acte sexuel est lié aux sentiments et à l'engagement — parfois même à l'engagement à vie. Pour beaucoup de gens, cependant, l'idée d'un engagement à long terme n'évoque rien d'autre qu'une prison dont ils ne pourraient s'échapper. Cette façon de voir engendre un sentiment de peur et d'insécurité. Habituellement, cette crainte n'est pas dirigée vers l'acte sexuel lui-même mais plutôt vers ces difficultés qui marquent en général toute relation affective. À tel point que beaucoup de gens tentent de distinguer l'aspect physique du sexe de tous ses aspects émotionnels. C'est ce genre de séparation qui aboutit le plus souvent à la «baise sauvage».

On peut ainsi expliquer pourquoi certains hommes font appel à des prostituées alors qu'ils pourraient bénéficier de rapports sexuels moins impersonnels et gratuits. Xaviera Hollander, la «Reine du sexe», décrit les hommes de ce type dans un de ses livres. Elle dit qu'ils sont prêts à risquer d'attraper des maladies vénériennes, d'être volés ou même physiquement agressés pour ce «petit coup de fouet» qu'ils éprouvent lorsqu'ils ramassent dans la rue une prostituée qu'ils vont sauter sous le premier escalier.

Même les personnes heureuses en ménage ont parfois des fantasmes de «baise sans effeuillage». Une femme immobilisée à un feu rouge peut très bien rêver que le policier qui se tient au coin de la rue vient la culbuter sur le siège de sa voiture. Un homme qui commande un café peut parfaitement imaginer qu'il soulève la jupe de la serveuse et la prend par derrière quand elle est penchée sur le comptoir.

La plupart des gens ne vont jamais jusqu'au bout de ces rêves éveillés. Certains couples partagent cependant ce fantasme et aiment à se stimuler en évoquant l'idée d'une relation sexuelle rapide et anonyme. Feindre de se rencontrer pour la première fois débouche invariablement, pour les adeptes de ce jeu, sur des rapports sexuels frénétiques. Cette stimulation leur permet aussi de briser le rythme routinier de leur relation affective et garde vivace le souvenir de leur première relation sexuelle.

ANNETTE ET HENRI

Iris:

Annette tient une petite boutique dans laquelle il m'arrive de faire quelques emplettes. Avec les années, nous en sommes venues à nous connaître assez bien pour aborder franchement des sujets très personnels. Je sais, par exemple, qu'Annette et son ami, Henri, n'ont pas l'intention de se marier bien qu'ils vivent ensemble depuis plus de quinze ans. De son côté, elle sait que Steve et moi écrivons des livres érotiques.

La dernière fois que je suis passée dans sa boutique, je lui ai dit que nous travaillions à un recueil de textes traitant des fantasmes utilisés par des couples heureux dans l'intimité. Son visage s'est éclairé.

«J'en ai un pour toi, m'a-t-elle dit. C'est un jeu auquel Henri et moi jouons depuis des années.»

****

Quand Henri était à l'université, il travaillait comme livreur pour l'une des épiceries de luxe de Manhattan. La plupart de ses clients étaient des femmes riches, trop occupées ou trop paresseuses pour faire leurs courses elles-mêmes. Elles passaient leur commande par téléphone, et Henri, ou un autre des garçons, en faisait la livraison.

Certaines d'entre elles étaient tellement en manque qu'elles inventaient n'importe quoi pour faire entrer Henri dans leur appartement. Elles lui offraient un café, une boisson fraîche, ou lui demandaient d'apporter les sacs dans la cuisine. Henri était un beau garçon, cheveux bien coupés et allure proprette, du genre à rendre folle ce type de femmes.

Il y en avait qui demandaient à ce que ce soit lui qui fasse les livraisons. Elles avaient alors l'impudence de le recevoir vêtues d'un déshabillé sexy, et parfois même complètement nues. Je suis sûre qu'Henri était facile à séduire. Il a toujours aimé le sexe et, à cet âge, il lui était sans doute difficile de refuser l'occasion quand elle se présentait.

Tout ceci est arrivé avant que nous ne nous connaissions, mais Henri m'a tout raconté. En ce qui me concerne, j'adore entendre les détails. Je suis tout émoustillée lorsqu'il me raconte comment il les prenait sur le tapis du salon ou contre le mur de la salle à manger. Il arrivait même que ça se passe dans la chambre.

Un jour, alors que nous vivions déjà ensemble depuis des années, j'ai eu une idée folle. J'ai appelé Henri à son travail et lui ai demandé de rapporter quelques petites choses à la maison — du pain, du lait, des choses du genre. J'ai verrouillé la porte avec les deux serrures pour qu'il ne puisse pas entrer avec sa clé. Quand il est arrivé, j'ai attendu qu'il frappe.

«Un instant, livreur, je suis à vous dans une seconde.» Puis j'ai ouvert la porte, enroulée dans une serviette de bain, comme si je venais de sortir de la douche.

Le visage d'Henri était traversé d'un immense sourire. Comme il est très vif, il a tout de suite compris où je voulais en venir. «Voulez-vous que je vous apporte tout ça dans la cuisine, m'dam'? a-t-il demandé.

— S'il vous plaît, mon garçon», lui ai-je répondu de ma voix la plus sensuelle. J'ai laissé glisser légèrement ma serviette, dévoilant la naissance de ma poitrine.

Henri me détaillait de la tête aux pieds, comme s'il n'avait jamais vu mon corps. «Une femme aussi superbe doit parfois se sentir bien seule, non? m'a-t-il lancé en me suivant dans la cuisine.

— C'est vrai, mon mari part très fréquemment en voyage d'affaires et je manque vraiment de d'affection. Pensez-vous pouvoir m'aider?» J'ai alors complètement laissé tomber la serviette, apparaissant nue devant lui.

Henri m'a prise dans ses bras et m'a embrassée passionnément sur la bouche. Nos langues s'entremêlaient. Je sentais son sexe durcir contre mon ventre. «Hmmm, ai-je murmuré en le touchant, t'en as une grosse. Vite, je veux que tu me la mettes.»

J'ai reculé en le tirant vers moi, jusqu'à ce que mes fesses nues entrent en contact avec la table de la cuisine. J'ai basculé en arrière et la moitié de mon corps s'est retrouvée sur la table. Avec mes pieds, j'ai traîné deux chaises pour y déposer mes jambes.

Henri se tenait debout, le regard exorbité, comme fasciné par mon vagin grand ouvert. Il a fébrilement ouvert sa braguette pour en extraire son pénis tout gonflé. Avant que j'aie pu réaliser quoi que ce soit, il m'avait pénétrée, poussant en moi aussi fort qu'il le pouvait. Alors qu'il allait et venait furieusement en moi, je m'imaginais dans la peau d'une de ces femmes riches et oisives que ses activités de livreur lui avaient fait connaître.

Il était complètement déchaîné, et, pendant un moment, j'ai eu peur qu'il n'éjacule trop vite. Mais c'est mon propre orgasme que j'ai senti monter. Je criais et hurlais comme si je faisais l'amour pour la première fois depuis des mois. C'était pareil pour Henri. Il hurlait lui aussi. J'ai entouré sa taille de mes jambes et je l'ai tenu serré contre moi.

«C'était une merveilleuse surprise, m'a-t-il avoué plus tard en refermant sa braguette. Je serai toujours heureux de faire des livraisons dans cette maison.»

Maintenant, quand j'ai envie de recommencer ce petit jeu, il me suffit de l'appeler à son travail et de lui passer une commande à livrer.

FABIENNE ET JOËL

Iris:

Aussi loin que je me souvienne, Fabienne et moi avons toujours été amies. Adolescentes, nous partagions tous nos secrets. Quelques heures à peine après avoir perdu sa virginité, c'est à moi qu'elle a téléphoné pour tout me raconter. Ce que j'adorais dans la personnalité de Fabienne, c'étaient son enthousiasme et sa joie de vivre. Elle était toujours prête à se lancer dans une nouvelle aventure.

Fabienne vit en Pennsylvanie, et nous n'avons pas souvent eu l'occasion de nous voir depuis que je suis partie pour la Californie. Il y a quelques années, alors que Steve donnait une série de conférences à Philadelphie, Fabienne et moi nous sommes rencontrées pour dîner. Au cours de la conversation, elle m'a parlé d'un fantasme auquel elle et son mari, Joël, se livrent de temps à autre, et m'a demandé ce que j'en pensais. Je devais avoir rangé soigneusement cette histoire dans un coin de mon cerveau car, lorsque Steve et moi avons décidé d'écrire ce livre, c'est le fantasme de Fabienne et Joël qui m'est le premier revenu à l'esprit...

****

Un des gars avec qui Joël travaille vient de divorcer et il est toujours en quête d'aventures amoureuses. Il part en chasse chaque nuit et raconte dans le détail chacune de ses aventures à Joël, qui me les répète. J'aime beaucoup ça.

Un soir, après dîner, Joël m'a parlé de la dernière conquête de ce type et ça m'a terriblement excitée. Son ami avait rencontré une femme dans un bar et, après quelques minutes de conversation, il s'était retrouvé au lit avec elle. D'une certaine manière, je trouvais l'idée tout à fait séduisante.

Tu sais, Joël et moi avons pratiquement grandi ensemble. Quand on s'est donné notre premier rendez-vous galant, on se connaissait depuis toujours. La première fois que nous avons fait l'amour, ça nous a paru tout à fait naturel. Ça faisait des années que, d'une certaine façon, on s'y préparait. C'est pourquoi l'idée d'avoir une aventure avec un parfait étranger rencontré quelques minutes plus tôt avait, à mes yeux, quelque chose de profondément original.

Je me sentais d'humeur joyeuse et j'ai eu l'idée d'un petit jeu très aventureux. Et Joël s'est montré enthousiaste quand je lui en ai parlé.

Le lendemain soir, on s'est rencontrés dans le bar d'un hôtel de la ville qui a la réputation d'être une sorte de «libre-service» où chacun vient choisir son partenaire d'un soir. Il était déjà là quand je suis arrivée. Au moment où j'ai poussé la porte, j'ai senti mon cœur faire des bonds dans ma poitrine. Je n'étais jamais entrée seule dans un tel endroit. Et en plus, je savais que j'allais là-dedans pour me faire «ramasser».

Joël était assis au bar, un verre posé devant lui. Je me suis assise à l'autre bout du comptoir, non sans avoir pris soin de vérifier qu'il restait un tabouret libre à côté du mien. J'ai commandé un verre de vin blanc et j'ai attendu que Joël vienne me rejoindre. Mais il ne l'a pas fait. Il est simplement resté là, à me regarder siroter mon verre dans le miroir. Il avait une lueur gourmande dans l'œil, un peu comme s'il s'imaginait qu'il me déshabillait et me dévorait sur place.

Son expression m'excitait, alors je lui ai rendu son regard dans le miroir. Nous nous sommes souri et avons flirté avec nos reflets respectifs. J'en étais à mon deuxième verre quand Joël s'est approché de moi. Il s'est juché sur le tabouret voisin et m'a demandé: «Puis-je me joindre à vous?»

Je tremblais de la tête aux pieds. «Je vous en prie, ai-je répondu.

— Je vous ai observée toute la soirée», a-t-il ajouté.

Sa voix était voilée et profonde, presque méconnaissable. Comme je terminais mon verre, il a fait signe au barman de m'en apporter un autre.

«Vous êtes une femme superbe. Le seul fait de vous regarder m'a terriblement excité.»

Au moment où le barman est venu m'apporter mon verre, j'ai senti la main de Joël effleurer légèrement ma cuisse. J'aimais sa façon d'y dessiner des petits cercles avec ses doigts. Je commençais à être très excitée. Je pense que c'était en grande partie dû au fait que nous étions dans un endroit public. À la maison, ça aurait pris plus de temps.

Joël interprétait à merveille le rôle de l'étranger et j'appréciais chaque minute de sa prestation. Jamais je ne m'étais fait aborder de cette façon. Et Joël ne m'avait jamais draguée comme cela. Je sentais mes mamelons durcir sous mon soutien-gorge. Je le désirais comme jamais encore je ne l'avais désiré. La tête me tournait à cause du vin, mais cela ne m'a pas empêchée d'en commander un autre verre.

«J'ai une meilleure idée, m'a-t-il dit, pourquoi ne pas aller dans un endroit où nous pourrions être seuls?»

Je suis devenue vraiment très nerveuse. «Quel genre d'endroit? lui ai-je demandé.

— En haut, m'a-t-il dit. Je vais nous louer une chambre.»

J'étais incapable de parler et me suis contentée de hocher la tête.

J'ai attendu au bar, puis j'ai suivi Joël dans l'ascenseur. Il a appuyé sur le chiffre onze. À peine la porte s'était-elle refermée qu'il m'attirait vers lui et m'embrassait passionnément, pressant son corps contre le mien. Tout en m'embrassant, il a glissé sa main sous ma jupe et s'est mis à me caresser partout. Nous n'avions jamais fait une chose pareille en dehors de chez nous. Quand la porte de l'ascenseur s'est ouverte, la main de Joël était toujours sous ma jupe, mais j'étais si excitée que je m'en fichais. Je ne pouvais même plus attendre que nous soyons dans la chambre. Je voulais lui arracher ses vêtements là, tout de suite.

C'est précisément ce que j'ai fait à la seconde où nous avons pénétré dans la chambre. On était frénétiques. Nous nous agrippions l'un à l'autre, nous défaisant de nos vêtements comme nous le pouvions. On les a presque déchirés jusqu'à ce que nous soyons à demi nus. J'étais si enflammée que j'ai pensé exploser.

Un moment plus tard, nous roulions sur le sol comme des bêtes en chaleur. J'étais sous lui, puis dessus; il allait et venait en moi comme un étalon. Quand j'ai joui, j'ai crié si fort que j'ai cru que quelqu'un allait appeler la police. Plus tard, quand nous avons repris notre souffle, il m'a demandé: «Comment tu t'appelles, déjà?»

Que penses-tu de ça? N'est-ce pas étrange, ou fou? Parce que, à dire vrai, nous l'avons refait plusieurs fois depuis et nous n'avons pas l'intention de nous arrêter.

LAURE ET OLIVIER

Steve:

Le métro new-yorkais est un endroit où il est intéressant d'observer les comportements humains. Les conditions qu'il crée étant différentes de tout ce que l'on peut trouver à l'extérieur, il oblige la plupart de ses utilisateurs à mettre au point des stratégies particulières s'ils veulent surmonter certaines situations. Durant les heures de pointe, par exemple, les gens sont si serrés les uns contre les autres qu'il leur est possible d'être en contact avec trois ou quatre passagers à la fois. Pour atténuer la gêne que ne manquerait pas d'occasionner cette intimité forcée, les usagers prennent bien soin de ne pas se placer dans une situation où ils seraient face à face, yeux dans les yeux, avec un autre voyageur. Certains lisent un journal, d'autres ferment les yeux et feignent de dormir. Il y en a même qui fixent obstinément la fenêtre, en dépit du fait qu'il n'y a rien à voir dans un tunnel de métro.

À l'époque où Iris et moi vivions à New York, je me souviens d'avoir fait part de mes observations à Laure, une voisine. Durant notre conversation, Laure m'a raconté une histoire de métro tout à fait passionnante. Bien que l'histoire de Laure relate une expérience plaisante vécue avec son mari, Olivier, elle a commencé par me raconter un épisode assez déplaisant...

＊＊＊＊

Olivier et moi prenons le métro pour aller au travail et en revenir, mais depuis que nos horaires sont différents, nous ne voyageons plus ensemble. Un soir, alors que je rentrais à la maison et étais, comme à l'accoutumée, écrasée par la masse des voyageurs, j'ai senti une main sur mes fesses. Vous savez, c'est le genre de choses auxquelles on s'habitue quand, deux fois par jour, on prend un tel bain de foule. La plupart du temps, la personne qui se trouve au bout de la main est aussi gênée que vous. Mais cette main-là se promenait lentement et d'une façon qui m'a paru plutôt intentionnelle.

J'ai protesté, sans être tout à fait sûre qu'il s'agissait d'une main d'homme. La foule était si dense que j'étais littéralement comprimée entre trois autres personnes: deux hommes et une femme. Je ne pouvais vraiment pas dire de qui il s'agissait. Furieuse, je les ai regardés les uns après les autres, mais la femme avait les yeux fermés et chacun des hommes fixait une fenêtre. J'ai bien essayé de me contorsionner pour m'éloigner de cette main baladeuse, mais je me suis aperçue qu'à chaque mouvement je donnais une caresse gratuite à cet indésirable. Finalement, j'ai fait de mon mieux pour l'ignorer jusqu'à ce que le train arrive à ma station.

Ce soir-là, pendant le dîner, j'ai raconté à Olivier ce qui s'était passé. J'étais toujours en colère. Quant à lui, il semblait trouver la chose plutôt amusante. «Il faut prendre ça différemment, m'a-t-il dit. Je sais que tu ne te laisserais jamais caresser de cette façon par un homme, et je détesterais bien sûr que tu le fasses. Mais dans le métro, il n'y a rien que tu puisses faire pour l'empêcher. Alors pourquoi ne pas en profiter? Penses-y, tu as bénéficié d'une bonne séance de caresse à l'œil.»

Au début, son attitude insouciante m'a rendue folle. On avait abusé de moi, et lui trouvait ça amusant. À la réflexion, cependant, j'ai bien dû admettre que, si on analysait la chose avec un rien de perversité, il avait raison. Après tout, je n'étais pas tout à fait certaine que le personnage du train ait agi intentionnellement. Et, dans la mesure où je n'avais pas été violée, le tort qu'on m'avait causé n'était pas si grand. Dans un sens, il y avait quelque chose d'érotique dans le fait d'avoir été caressée par un étranger au milieu de tous ces gens.

Je ne saurais dire pourquoi, mais notre conversation m'a légèrement excitée et, aussitôt le repas terminé, j'ai entraîné Olivier dans la chambre. Nous n'avons pas reparlé de l'incident du métro mais je pense qu'Oliver a compris qu'il n'était pas étranger à mon excitation.

Environ une semaine plus tard, j'étais un fois de plus comprimée dans le métro quand j'ai senti une main se promener avec assurance sur mon derrière. Celui-là au moins ne faisait pas semblant. Il me pelotait avec autant d'assurance que si je lui avais appartenu. Je n'avais pas encore décidé si je devais l'apostropher ou lui écrabouiller le pied quand, en levant les yeux, j'ai vu qu'il s'agissait d'Olivier. Il tenait un journal qu'il faisait semblant de consulter de sa main libre, alors que de l'autre il explorait mon fessier.

Au moment où je m'apprêtais à le saluer, j'ai réalisé qu'il feignait de ne pas me connaître. J'ai décidé de jouer le jeu.

Pendant un moment, je suis restée immobile, le laissant me masser gentiment les fesses. Puis j'ai ondulé légèrement du bassin afin qu'il sache que c'était aussi bon pour moi que pour lui. Lentement, je me suis tournée jusqu'à lui faire face. Sa main à lui, qui n'avait pas bougé, pouvait maintenant toucher mon sexe.

J'ai jeté un coup d'œil rapide autour de moi pour voir si quelqu'un nous observait. Personne ne nous prêtait attention. Comme d'habitude, chacun des passagers se comportait comme s'il était seul au monde. Qu'ils lisent ou contemplent le vide à travers les fenêtres, les gens ont en commun le souci d'éviter tout contact visuel avec leurs voisins immédiats. Rassurée, j'ai amené ma main le plus discrètement possible contre la braguette d'Olivier. Il bandait déjà mais il est devenu plus dur encore au moment où je l'ai touché.

En veillant à ne pas nous regarder, nous avons continué pendant un bon moment à nous caresser. J'étais si excitée que j'étais au bord de l'orgasme. Je pouvais sentir le pénis d'Olivier palpiter, à tel point que j'avais peur qu'il mouille son pantalon si je continuais. Je ne pense pas que ça aurait pu m'arrêter mais nous approchions de notre station et, de toute façon, le wagon commençait à se vider.

Quand nous sommes sortis du train, nous avons continué de faire comme si nous ne nous connaissions pas jusqu'à ce que nous soyons arrivés en haut de l'escalier qui mène à la rue. Alors, Olivier s'est tourné vers moi, et, avec un air faussement surpris, m'a dit: «Tiens Laure, je ne m'attendais pas à te trouver ici. Ta journée s'est bien passée?»

On a éclaté de rire et on a presque couru jusqu'à la maison pour finir ce que nous avions commencé dans le métro. Nous avons fait l'amour plusieurs fois.

Je ne pourrais pas expliquer pourquoi ce jeu m'a mise dans un tel état d'excitation. Nous l'avons refait plusieurs fois depuis. Certains soirs, quand nous sortons du travail à la même heure, nous nous arrangeons pour nous rencontrer à la station de métro. On fait comme si on ne se connaissait pas et on monte dans le même wagon. On s'arrange pour être coincés dans un véritable amalgame humain et on se pelote jusqu'à notre station. Alors, on court à la maison dans un état d'excitation tel qu'on en a le souffle coupé.

Je parie que vous ne vous étiez jamais douté que le métro pouvait être aussi amusant!

7

Raconte-moi tout

Othello est l'une des plus fameuses tragédies de Shakespeare. Elle raconte l'histoire d'un aristocrate maure au service de Venise et dont la puissance fait des envieux. Un vil personnage de son entourage finit, à force de calomnies, par le convaincre que sa femme, Desdémone, le trompe avec l'un de ses lieutenants. Rongé par la jalousie, Othello tue Desdémone avant de se donner la mort. L'idée n'est pas neuve. L'histoire abonde de ces tragédies où de nobles esprits sont torturés par une jalousie irrationnelle.

En 1541, par exemple, le roi d'Angleterre, Henri VIII, ordonna l'exécution de deux hommes après que sa femme, Catherine, lui eut avoué avoir couché avec eux. Le roi ordonna qu'on les décapitât bien que Catherine eût connu ces hommes avant Henri, alors qu'elle était adolescente. L'année suivante, sa majesté complota pour que sa femme soit elle aussi exécutée.

Pour René Descartes, le philosophe français, la jalousie est l'un des six sentiments innés de l'homme. Les psychologues modernes infirment cette thèse. Pour eux, la jalousie est un mélange d'émotions apprises qui trouvent toutes leur source dans le sentiment de n'être pas aimé, pas désiré. La plupart des individus apprennent la jalousie au cours de leur deuxième année d'existence.

Chez un enfant, ce processus d'apprentissage s'amorce avec l'arrivée d'un petit frère ou d'une petite sœur. En voyant les parents s'occuper du bébé, l'autre enfant éprouve le sentiment qu'ils ont cessé de l'aimer. Il en résulte un certain état de colère, de frustration et d'insécurité.

Cette situation ne diffère que légèrement de celle où un adulte croit que son ou sa partenaire éprouve un intérêt sexuel pour quelqu'un d'autre. Au même titre que l'enfant qui se voit concurrencé, l'amoureux jaloux perd confiance en lui, ne se respecte plus, doute d'être à la hauteur de celui ou de celle avec qui son partenaire le trompe. Comme le démontre l'histoire du roi Henri, le fait que cela se soit passé avant le mariage importe peu. L'insécurité qui en résulte peut hanter une relation jusqu'à la détruire, comme elle a détruit l'union d'Othello et de Desdémone.

Peu de mariages sont exempts de jalousie. Les sexologues ont démontré que la plupart des gens ont leurs premières expériences sexuelles avec un partenaire autre que celui avec lequel ils vont se marier. Au fur et à mesure qu'ils se dévoilent l'un à l'autre leurs propres expériences prémaritales, les époux se trouvent dans une situation propice à créer un sentiment de jalousie.

Quelques-uns des couples que nous avons interrogés nous ont dit qu'ils avaient pu supprimer toute sensation de frustration ou d'insécurité en détournant de façon positive leurs réactions négatives. Ils discutent sans retenue des relations qu'ils ont vécues avant leur mariage et tirent, de l'exposé de ces expériences une satisfaction d'ordre sexuel. Certains d'entre eux vont même jusqu'à fantasmer sur les aventures prémaritales de leur conjoint, dont l'exposé les sécurise puisque, après tout, c'est eux que leur partenaire a fini par choisir.

JOHANNE ET MARC

Iris:

J'ai connu Johanne dans un centre de conditionnement physique pour femmes. Nous avons immédiatement sympathisé et nous sommes arrangées pour programmer nos séances d'exercices de façon à pouvoir nous rencontrer facilement. Après l'entraînement, nous allons nous détendre dans le bain tourbillon où nous échangeons nos impressions sur les femmes qui se trouvent là. Nous sommes devenues de bonnes amies et parlons librement de tous ces corps à demi nus qui nous entourent, de leurs formes, de leurs dimensions.

Un jour qu'il pleuvait au point de dissuader la plupart des autres femmes de venir au centre, nous nous sommes retrouvées seules dans le bain tourbillon. Johanne a commencé à parler de l'une de nos instructrices, vantant la beauté de son corps. Soudain, elle m'a demandé: «As-tu déjà eu une relation sexuelle avec une femme?» Sans me laisser le temps de répondre, elle a ajouté: «Ça m'est arrivé une fois. J'étais adolescente. Ça ne s'est plus jamais reproduit depuis, mais j'éprouve toujours un léger frisson lorsque j'en parle à mon mari, et ça l'excite vraiment de m'entendre raconter cette histoire...»

* * * *

J'allais avoir seize ans lorsque j'ai obtenu un travail de monitrice dans un camp d'été. Un jour, lors d'une excursion, j'ai partagé une tente avec Arlène, une autre monitrice. Arlène avait à peu près mon âge, mais elle était beaucoup plus développée. Elle était vraiment pulpeuse, avec d'énormes seins qui attiraient les regards de tous les garçons et faisaient l'envie de toutes les filles.

Il faisait nuit et nous n'avions qu'une petite lampe pour nous éclairer. Nous étions fatiguées après cette journée passée à surveiller les enfants. Quand Arlène a commencé à se déshabiller, je me suis surprise à observer sa superbe poitrine. J'étais très impressionnée.

Quand elle m'a vue la regarder, Arlène s'est mise à rire. «Que penses-tu de mes seins?

— Mon Dieu! ai-je laissé échapper, ils sont magnifiques. J'aimerais que les miens soient comme ça.»

Baissant la voix, elle a murmuré sur un ton espiègle: «Pourquoi ne les touches-tu pas?»

J'étais trop gênée pour faire quoi que ce soit et je suis restée là, immobile comme une statue, fascinée par ce que je voyais.

«Vas-y, a-t-elle dit, câline, en s'approchant de moi. Touche-les!» Elle a pris mes mains et les a collées sur ses seins.

Je pouvais sentir ses mamelons durcir contre mes paumes. Tandis que je les caressais, je voyais, à l'expression d'Arlène, qu'elle appréciait cela au plus haut degré. «Pourquoi n'enlèves-tu pas le haut, toi aussi? Je te montrerai comme c'est bon.» Sans même penser à ce que je faisais, j'ai déboutonné mon chemisier et dégrafé mon soutien-gorge.

«Tu as de beaux seins toi aussi, m'a dit Arlène.

— Ce n'est rien en comparaison des tiens, ai-je soupiré en reposant mes mains sur ses deux globes.

— Oui, a-t-elle admis fièrement, les miens sont plutôt gros. Mais les tiens sont beaux et fermes.» Tout en parlant, elle a posé ses mains sur ma poitrine. Elle semblait savoir exactement ce qu'elle faisait et j'essayais d'imiter ses mouvements. Elle a pris un de mes mamelons entre le pouce et l'index et l'a fait rouler doucement. Puis elle a pris l'autre. Il m'était déjà bien sûr arrivé de me caresser, mais jamais ça n'avait été aussi bon.

«Tu as déjà fait ça avant? lui ai-je demandé.

— Oh! oui, souvent! Je ne suis plus vierge, tu sais. Et toi?»

Je n'ai pas répondu, mais il devait sembler évident que je l'étais.

Alors que nous nous caressions depuis un moment, elle a suggéré que nous ôtions tous nos vêtements et déroulions nos sacs de couchage pour être plus à l'aise. Nous nous sommes couchées côte à côte, nues. J'ai repris ses seins, mais elle s'est emparée de ma main et l'a guidée vers son pubis. Émue, je l'ai pressé du plat de la main. Sa toison n'était pas aussi frisée et drue que la mienne. Le contact se faisait plus doux à mesure que je m'aventurais.

«Pénètre-moi avec ton doigt», m'a-t-elle demandé. Quand je suis arrivée dans ses parties chaudes et humides, j'ai enfoncé mon doigt aussi profondément que je le pouvais. «Touche mon clitoris, maintenant.»

J'avais entendu parler du clitoris, mais je ne savais pas vraiment où ça se trouvait. Je me suis mise à tâtonner et elle s'est aperçue de mon ignorance.

«Tu ne t'es jamais masturbée? m'a-t-elle demandé.

— Bien sûr que si, ai-je répondu.

— Et tu as eu un orgasme?»

En bégayant, j'ai avoué que je n'en étais pas trop sûre.

«Je te promets que, ce soir, tu vas en avoir un, a-t-elle dit. Maintenant, étends-toi tranquillement et laisse-moi faire.»

J'ai abandonné à regret son corps somptueux, me consolant en songeant à sa promesse. D'abord, elle s'est contentée de toucher mes seins, traçant du bout des doigts des petits cercles autour des mamelons. Puis elle a fait glisser lentement sa main vers mon ventre, puis plus bas encore, vers mon vagin.

Elle en a caressé les renflements puis s'est mise à me câliner gentiment les lèvres. J'avais la nette sensation de m'ouvrir à son contact. Quand elle a glissé son doigt en moi, j'ai cru mourir de plaisir. Mais le meilleur était à venir.

Elle a remonté l'ouverture gonflée de ma fente avec son doigt mouillé. À mesure qu'elle approchait du haut, mon plaisir grandissait et mes frissons s'intensifiaient. Je n'avais jamais éprouvé une chose pareille. Jamais.

«Ici, a-t-elle murmuré en touchant mon petit bouton, c'est là que se trouve ton clitoris.»

Plus elle jouait avec, plus mes sensations se faisaient fortes. J'ai failli crier d'excitation. «Tu peux éprouver ce type de sensations quand tu veux, a dit Arlène, il te suffit de te caresser juste à cet endroit.»

Tout en parlant, elle agaçait mon clitoris. Au début, elle me touchait légèrement. Puis elle a fait des petites cercles tout autour. Parfois, elle plongeait son doigt dans mon sexe béant afin de l'y humecter puis revenait sur mon bouton. Chaque fois, je pensais ne pas pouvoir en supporter davantage.

Une sensation étrange commençait à m'envahir. Je n'avais jamais ressenti cela auparavant. Je sentais que ça grandissait, que ça se bousculait dans tous les sens à l'intérieur de mon corps. Un peu comme si je pleurais, riais et défaillais en même temps. J'ai marmonné: «Non! non!»

Et alors c'est arrivé. J'ai senti quelque chose exploser en moi. Toute la tension que j'avais accumulée s'est soudain échappée, déferlant dans tout mon corps. Je sanglotais, gémissais. Je souhaitais que le doigt d'Arlène arrête de s'agiter et, en même temps, je désirais qu'elle ne s'interrompe jamais. Quand tout a été fini, j'étais presque hébétée.

«Ça s'appelle un orgasme», a murmuré Arlène. Mais je l'avais deviné avant même qu'elle me le précise. «Quand tu m'en auras donné un, je t'en donnerai un autre.»

Je ne me sentais pas capable de revivre une pareille expérience, mais Arlène m'a assurée que je serais prête très rapidement. En attendant, elle m'avait montré comment procéder. Au début, j'avais honte de caresser son sexe comme elle avait caressé le mien. Mais après quelques instants, la gêne a cédé la place à l'excitation. Quand je l'ai eu amenée à l'orgasme avec mon doigt, j'ai éprouvé un sentiment de triomphe. J'étais devenue adulte.

Nous avons passé la nuit entière à nous caresser à tour de rôle et n'avions toujours pas fermé l'œil quand le soleil s'est levé. J'étais, pour ma part, débordante d'énergie.

C'est la seule fois de ma vie où j'ai eu une expérience sexuelle avec une femme, mais le seul fait d'en parler m'excite toujours autant. J'ai raconté cette histoire à Marc à plusieurs reprises et ça le stimule vraiment lui aussi. Il aime que je lui décrive tout dans les moindres détails, et j'adore me plier à son caprice.

Quelquefois, il me montre une photo sur un magazine, ou une belle fille sur une plage, et me demande ce qu'Arlène avait de commun avec elle. Je sais alors qu'il veut que je lui en parle. Parfois, le fait d'en parler l'échauffe tellement qu'il commence à se masturber jusqu'à être au bord de l'orgasme. Je dois alors m'arrêter de parler un moment pour lui permettre de se calmer un peu. Mais aussitôt qu'il commence à débander, je me remets à raconter.

Quelquefois, j'ai une envie folle de faire l'amour, mais Marc se dit trop fatigué pour ça. Je sais alors qu'il me suffit de parler d'Arlène pour que, très vite, il oublie sa fatigue et comble tous mes désirs.

RICHARD ET EVA

Steve:

Notre comptable, Richard, s'occupe de nos déclarations de revenus depuis plus de quinze ans. Chaque année, quand je le rencontre pour remplir mon formulaire, il plaisante sur le plaisir de gagner sa vie en parlant de sexe et me demande sur quel projet nous travaillons. Cette année, quand je lui ai dit que nous préparions un livre sur les fantasmes sexuels de certains couples, il a émis un drôle de petit rire.

«J'en ai un pour toi, m'a-t-il dit. Tu connais ma femme, Éva. Tu vas voir, c'est incroyable.»

Je n'avais vu Éva qu'à quelques occasions, et je ne la connaissais pas vraiment. Je le lui ai dit, ajoutant que j'avais appris à ne plus jamais m'étonner devant les fantasmes ou l'activité sexuelle de qui que ce soit. Richard a commencé à raconter...

****

Éva était plutôt inexpérimentée quand nous nous sommes rencontrés. Elle avait reçu une éducation religieuse et elle croyait que les petites filles modèles ne faisaient l'amour qu'une fois mariées. Elle était bien sortie avec quelques garçons, mais jamais au point de leur sacrifier sa précieuse virginité.

Pour ma part, j'étais de ces hommes qui croient dur comme fer que ce qu'on regrette le plus le jour du jugement dernier, ce sont les occasions manquées. Ma vie sexuelle a débuté alors que je n'étais qu'un gamin, et elle est restée très active jusqu'à ce que je rencontre Éva. Depuis, je le jure, je n'ai pas connu d'autres femmes. Et ça fait vingt-deux ans que nous sommes mariés.

Quand on a commencé à sortir ensemble, elle était au courant de mon passé. L'idée que j'aie pu faire l'amour avec beaucoup de femmes la fascinait. Elle me demandait tout le temps de lui en parler, mais je refusais de répondre. Je pensais que cela aurait été une muflerie de ma part. Finalement, alors que nous étions mariés depuis un an, j'ai fini par céder devant ses questions. J'ai accepté de lui parler de quelques-unes de mes aventures.

J'ai constaté très vite que j'étais sur des sables mouvants. Au début, les histoires que je racontais l'excitaient et elle réclamait plus de détails. Puis elle est devenue jalouse et a commencé à me faire une scène. J'ai immédiatement cessé de parler, bien sûr, mais cette nuit-là a été désastreuse.

Une semaine plus tard, elle s'est remise à me poser des questions. Je ne savais plus quoi faire. Je ne voulais évidemment pas prendre le risque de la remettre en colère. Mais d'un autre côté, je me souvenais à quel point ça l'avait excitée et je tenais à retrouver ce bon climat. J'ai décidé de tenter le coup et lui ai raconté comment ça c'était passé pour moi la première fois. J'avais quinze ans et j'étais allé voir une prostituée.

J'ai pu voir à son expression que j'avais trouvé le bon filon. C'était une tactique qui me permettait de parler d'une autre femme sans qu'Éva soit jalouse ou se sente menacée. Le fait que ça se soit passé avec une prostituée enlevait tout engagement sentimental à l'aventure, celle-ci étant purement physique. Éva est devenue si excitée qu'elle m'a donné une nuit d'amour comme je n'en avais encore jamais eue. Depuis lors, quand nous voulons vivre quelque chose de vraiment particulier, je lui raconte l'histoire de la prostituée.

Je n'avais que quinze ans à l'époque. Un de mes amis plus âgé faisait constamment l'éloge de cette fille, m'assurant que je ne pouvais perdre ma virginité ailleurs que dans ses bras. Il avait même pris un rendez-vous pour moi.

Lorsqu'elle m'a ouvert la porte, elle était vêtue d'un peignoir. À peine étais-je entré qu'elle l'ôta et se retrouva nue devant moi. Elle avait dans la vingtaine, et son petit corps grassouillet était agrémenté d'une énorme paire de seins.

Elle a posé mes mains sur sa poitrine et j'ai pu jouer avec pendant qu'elle me déshabillait. Je bandais tellement qu'elle a eu du mal à enlever mon pantalon. Aussitôt fait, elle est tombée à genoux et s'est mise à me lécher le pénis. J'étais stupéfait. J'avais déjà entendu parler de cela, mais je ne pouvais pas croire que ça m'arrivait. Après une ou deux minutes de ce traitement, j'ai cru que j'allais jouir dans sa bouche, mais elle s'est arrêtée juste à temps et s'est dirigée vers le lit.

Je ne savais trop quoi faire. Je me suis contenté de la regarder s'étendre sur le dos et ouvrir les jambes. Puis je me suis couché sur le lit et elle m'a attiré sur elle. Elle a saisi mon pénis et l'a guidé jusqu'à l'entrée de son vagin.

Quand je me suis senti glisser en elle, je n'arrivais pas à croire que ça y était. L'émotion que j'éprouvais du seul fait d'avoir pénétré le sexe d'une femme était si intense que j'ai joui instantanément, avant même d'avoir pu faire quoi que ce soit.

Éva aime cette histoire. Même quand je n'en parle pas, elle y pense parfois pendant que nous faisons l'amour. Elle aime m'imaginer, adolescent, avec cette prostituée expérimentée. Elle dit que m'entendre raconter cela, ou ne serait-ce qu'y penser, l'aide à atteindre l'orgasme.

Dieu seul sait pourtant à quoi ressemblait cette femme. Je n'en ai pour ma part aucun souvenir. Je l'ai décrite à Éva tant de fois, la transformant sans cesse au cours des années, que le portrait que j'en trace aujourd'hui doit être bien loin de la vérité. C'est devenu un pur fantasme. Mais c'est aussi fort qu'un envoûtement vaudou.

CATHY ET JEAN

Iris:

L'une des choses les plus difficiles pour un écrivain, c'est de ne pas avoir de revenus fixes. Quand Steve et moi écrivions des romans érotiques, il arrivait que nous passions des mois sans vendre un manuscrit. L'un de nous devait alors chercher un petit boulot. Quand c'était mon tour, je travaillais dans la vente.

Alors que j'étais représentante dans une agence de placement à temps partiel, mes collègues ont appris que je faisais carrière dans l'écriture de romans érotiques. J'ai eu droit à quelques railleries. Seule Cathy, notre jeune gérante, restait à l'écart de ces moqueries. Elle semblait penser qu'un écrivain qui se consacre à des livres traitant de sexe est une sorte de thérapeute de la vie sexuelle. Cela explique probablement pourquoi elle désirait me parler de détails intimes touchant à sa vie de couple. Un matin, alors que son mari, Jean, l'avait amenée au travail, j'ai félicité Cathy de son choix.

«Oui, a-t-elle soupiré, c'est ce que tout le monde pense. Quand on a commencé à sortir ensemble, je ne comprenais même pas qu'un gars aussi beau ait pu s'apercevoir que j'existais...»

****

Quand nous étions au collège, Jean faisait partie de l'équipe de football et pouvait avoir toutes les filles qu'il voulait. Il ne s'en privait pas. Il avait l'habitude de sortir avec deux ou trois filles différentes chaque semaine, toutes aussi belles les unes que les autres.

J'étais, pour ma part, loin d'être aussi populaire. Je passais le plus clair de mon temps à la bibliothèque. Jean avait besoin d'aide dans ses études et c'est moi que les services de tutorat du collège avaient désignée pour lui venir en aide. C'est comme ça que nous avons fait connaissance. Après trois sessions de tutorat, il m'a demandé de sortir avec lui. Je n'arrivais pas à y croire. Après quelques semaines, nos rapports étaient devenus réguliers. À partir de ce moment-là, Jean n'est plus jamais sorti avec une autre femme.

C'est curieux, mais il n'a jamais essayé de m'embrasser avant que nos sentiments ne soient devenus solides. Peu de temps après notre mariage, je lui ai demandé pourquoi. Il m'a répondu que toutes les filles avec qui il était sorti jusque-là étaient des coups faciles, que j'étais différente et que, pour cette raison, il avait du respect pour moi. Intriguée, je lui ai demandé de me parler des filles qu'il avait connues avant moi. Quand il a refusé, j'ai sorti l'album souvenir de notre collège et j'ai insisté pour qu'il me les montre les unes après les autres.

Il a commencé à tourner les pages d'une main hésitante, me désignant chacune de ses conquêtes. Mais ça ne me satisfaisait pas. Je voulais qu'il me raconte tout en détail. Au début, il semblait très mal à l'aise, mais il s'est très vite fait à l'idée. J'étais si excitée de l'entendre parler de ce qu'il avait fait avec ces filles que je me suis mise à le caresser à travers son pantalon.

Il m'a dit: «Eh bien! je pensais que c'était des choses qu'un mari n'était pas censé dire à sa femme!

— Peut-être, ai-je répondu, mais j'aime ça. Dis-m'en davantage. Je veux tout savoir. Ça m'excite.»

Il m'a alors montré une photo où l'on pouvait voir l'équipe des meneuses de claque qui, depuis le bord de la pelouse, encourageait l'équipe de football. Il a désigné une belle blonde dont je me souvenais. «Avec elle, c'était particulier, m'a-t-il dit. Elle avait d'énormes seins qui bondissaient de haut en bas à chaque saut qu'elle faisait pour nous encourager. Elle m'attirait dans les vestiaires, et là, elle retirait le haut de son uniforme afin que je puisse sucer ses énormes mamelons roses. Puis elle emprisonnait mon pénis entre ses seins et s'agitait de bas en haut jusqu'à ce que je me répande sur elle.»

Je pouvais imaginer précisément comment ça se passait. Au lieu de me rendre jalouse, son histoire me stimulait encore plus. J'ai enlevé ma chemise, défait mon soutien-gorge, et j'ai commencé à me caresser le bout des seins. «Allez, ai-je dit, tu le lui as fait à elle, maintenant, c'est à mon tour!»

Je ne lui ai même pas laissé le temps d'ôter son pantalon. Je l'ai simplement ouvert et me suis emparée de son pénis. Je suis tombée à genoux et j'ai commencé à le lécher jusqu'à ce qu'il soit enduit de salive. Je me suis alors plaquée contre lui, bougeant lentement de bas en haut, lui faisant littéralement l'amour avec mes seins. À chacun de mes mouvements, le bout de son sexe venait près de ma bouche. Je sortais ma langue et en caressais l'extrémité. Pendant tout ce temps, je regardais la photo de la blonde. J'imaginais Jean faisant ça avec elle.

Il a dû s'apercevoir de mon petit jeu car il a poussé un gémissement et m'a dit: «Oh! tu fais ça tellement mieux qu'elle!»

Ces mots m'ont donné le sentiment d'être la femme la plus sexy du monde. Je n'étais pas le moindrement jalouse de la fille aux gros seins, parce que c'est moi qui avais Jean, pas elle. Et je l'aimais mieux qu'elle ne l'avait jamais aimé. Il venait de me le dire.

«Qu'as-tu encore fait avec elle?» lui ai-je demandé doucement. Je voulais qu'il continue à nourrir mon imagination.

Cette fois, il n'a pas hésité. «Quelquefois, elle se penchait en avant et je la baisais par derrière.» Je pouvais sentir son pénis palpiter à la seule évocation de ce souvenir. «Quand on faisait l'amour comme ça, elle avait l'habitude de projeter son fessier vers moi à chacun de mes coups de boutoir.»

Je me suis levée, puis j'ai baissé ma culotte sur mes chevilles. Je me suis penchée en avant pour m'appuyer sur le canapé. Je savais qu'il pouvait voir mon sexe ouvert. «Viens, lui ai-je dit, montre-moi comment tu faisais ça à miss Gros-Seins.»

Il s'est approché de moi. Je pouvais sentir son pénis durci au creux de mes fesses. Il l'a pris dans sa main, puis l'a guidé doucement dans ma petite fente. D'une poussée rapide, il m'a pénétrée. Au même moment, je déplaçais mes fesses vers l'arrière pour aller à sa rencontre.

J'ai d'abord essayé de faire comme la fille. Mais je voulais faire mieux encore. Alors j'ai passé une main entre mes cuisses et, saisissant ses testicules, je les ai massés tout doucement.

«Elle faisait ça?

— Non, personne ne m'a jamais fait ça aussi bien que toi. Tu es la meilleure», m'a-t-il répondu.

C'est à ce moment-là que nous avons commencé à jouir. Il me pénétrait furieusement et je pensais que jamais il ne s'arrêterait. Je sentais nos fluides corporels se mélanger, me remplir jusqu'à ce que je déborde, puis me couler le long des cuisses. Quand on a eu terminé, nous nous sommes effondrés sur le canapé et nous nous sommes mis à rire.

Le livre souvenir du collège est devenu notre livre préféré. C'est un extraordinaire stimulant pour notre vie sexuelle. Chaque fois que nous sommes très excités, l'un de nous va chercher l'album et nous commençons à en tourner les pages.

8

Regarde ce qu'ils font

Nous avons tous envie de savoir de quoi les autres ont l'air une fois nus, ou lorsqu'ils font l'amour. Il arrive même que nous trouvions du plaisir à satisfaire cette curiosité. Les behavioristes ne voient là rien d'anormal; pour eux, il s'agit là de scopophilie — du grec *skopein,* qui veut dire «voir», et de la racine latine, *philia,* qui signifie «amour de».

Les Anglo-Saxons illustrent le voyeurisme en faisant référence à la légende anglaise de Lady Godiva. Au XIe siècle, un comte portant le nom de Leofric imposait si lourdement ses sujets que beaucoup en étaient réduits à la famine. Lorsque sa femme, Godiva, le supplia de ne pas se montrer aussi exigeant, il se contenta de ricaner et de lui répondre sarcastiquement qu'il réduirait les impôts le jour où elle traverserait la ville de Coventry nue sur un cheval.

Godiva, mue par son amour du peuple, fit savoir qu'elle se plierait aux exigences de son époux. Le jour venu, elle demanda aux habitants de Coventry de rester chez eux, toutes fenêtres closes, et de fermer les yeux. Tous les citadins obéirent, sauf Tom, le tailleur, qui ne pouvait résister à une occasion de se rincer l'œil. Cette indiscrétion le rendit aveugle. Depuis lors, on dit des gens qui aiment regarder ce qu'ils ne devraient pas voir qu'ils sont victimes du syndrome de «Tom le voyeur». Les historiens dénient toute authenticité à cette légende. Pour eux, Lord Leofric était un personnage bienveillant qui n'a jamais brimé son peuple, ni humilié sa femme. Quant à Tom, ce gredin de tailleur, il n'a probablement jamais existé. Quoi qu'il en soit, il est significatif que l'on se souvienne de Tom comme d'une canaille et que son nom soit resté associé à tous ceux qui éprouvent du plaisir à regarder les autres vivre leur sexualité.

Tout ce que nous pourrions dire à ce sujet ne fera pas disparaître le désir de regarder. Cela contribuerait tout au plus à rendre ce besoin clandestin. Même si nous n'en sommes pas réduits à grimper sur une poubelle pour épier aux fenêtres des chambres à coucher, nul doute que l'idée ne soit déjà venue à l'esprit de la plupart d'entre nous.

Certains des couples que nous avons interrogés nous ont avoué s'adonner au voyeurisme. Ils se couchent et imaginent qu'ils regardent un couple, ou un groupe d'individus, faire l'amour ensemble. Ils chuchotent à l'oreille de l'autre ce qu'ils imaginent voir jusqu'à ce que leur fantasme commun leur donne envie de se livrer aux mêmes actes. C'est ainsi qu'ils vivent leur scopophilie sans pour autant suivre la trace de «Tom le voyeur».

JENNIFER ET ADAM

Iris:

Quand Steve et moi sommes arrivés ici, la Californie était en pleine prospérité immobilière. Nous entendions parler de gens dont la maison avait doublé et même triplé de valeur en quelques années. Comme nos revenus d'écrivains étaient plutôt irréguliers, j'ai décidé de faire un peu d'argent en devenant agente immobilière. Malheureusement, cette période de spéculation intense a pris fin avant que je n'aie obtenu ma licence. Lorsque je me suis enfin retrouvée assise à mon bureau d'agente immobilière, je disposais de beaucoup de temps libre.

Jennifer travaillait dans le même bureau que moi. C'était une professionnelle qui avait déjà traversé sans sourciller plus d'une crise du marché immobilier. Elle m'a assurée que, si j'étais patiente, les choses finiraient sûrement par s'arranger. Quand je lui ai parlé des romans que Steve et moi écrivions, elle a manifesté un intérêt inhabituel pour la chose. Puis elle a souri. «Ça me rappelle une vieille camarade de chambre, Sonia, m'a-t-elle dit. Cette fille était un roman pornographique ambulant. Chaque fois que nous éprouvons, mon mari et moi, le besoin de pimenter notre vie sexuelle, nous parlons de Sonia.

— Raconte-moi ça», lui ai-je demandé sur un ton engageant. L'expression qui est apparue sur son visage m'a fait comprendre qu'elle ne se ferait pas prier...

****

J'ai connu Sonia le jour où on nous a donné le même appartement dans la résidence universitaire de notre campus. Nous nous sommes si bien entendues que nous avons passé ensemble les quatre années qui ont suivi. Nous étions très différentes l'une de l'autre. J'étais plutôt du genre studieux alors que pour Sonia, l'université n'était rien de plus qu'un lieu où établir des contacts. Pendant que je potassais mes examens, elle s'occupait de la liste de tous les gars avec lesquels elle était sortie. Elle changeait de petit ami toutes les semaines.

Parfois, quand j'étudiais dans ma chambre, des bruits me parvenaient de la chambre de Sonia. Je savais alors qu'elle avait ramené une de ses conquêtes et que, presque invariablement, ils finiraient pas faire l'amour. Habituellement, ça commençait par de petits rires étouffés et des murmures. Puis venaient les soupirs profonds, suivis, en guise de conclusion, par des gémissements et des grognements. Comme je n'avais pas de petit ami à l'époque, ça me dérangeait beaucoup.

Au début, je me sentais quelque peu irritée. Je me disais que c'était parce qu'elle perturbait ma tranquillité. Je pense que la seule raison de mon ressentiment, c'est que j'étais envieuse. Après un moment, toutefois, mon irritation s'est muée en curiosité et en excitation. Je m'asseyais à mon bureau face à un livre, mais toute mon attention se concentrait sur les bruits qui venaient de la chambre de Sonia. Je devenais songeuse, essayant d'imaginer exactement ce qu'ils étaient en train de faire. Parfois, la culpabilité me ramenait à mes études, mais il m'était difficile de m'appliquer.

Une nuit, les bruits de respiration et les gémissements étaient si forts que je n'ai pas pu surmonter ma curiosité. Afin de mieux entendre, je me suis dirigée vers la chambre de Sonia sur la pointe des pieds. Je me suis alors aperçue que sa porte était entrouverte. J'ai essayé de résister, mais vainement. Je n'avais pas le choix, il fallait que je regarde. Retenant mon souffle, je me suis approchée de l'ouverture.

Ma surprise a été si grande que j'ai failli me trahir. Sonia et son ami étaient complètement nus. Il était couché sur le dos, les pieds vers la porte. Sonia était assise sur son torse et me tournait le dos. Son corps masquait le visage du garçon et, par conséquent, il leur était impossible de me voir.

J'ai regardé le garçon pendant un moment. Il avait une érection démesurée. Comme je n'avais pas eu beaucoup d'expériences sexuelles, j'étais fascinée par les organes sexuels mâles. Le sien était énorme; il palpitait et vibrait comme une chose vivante. J'étais si excitée que j'en oubliais de surveiller ma respiration.

D'abord, je ne comprenais pas pourquoi Sonia ne s'occupait pas du pénis de son partenaire. Puis j'ai pris conscience de ce qu'ils faisaient. Il la mangeait! Elle oscillait d'avant en arrière, écrasant son sexe nu sur sa bouche. Chacun de ses mouvements lui arrachait un gémissement. J'imaginais ce que sa langue pouvait bien lui faire.

Quand j'ai vu qu'ils allaient changer de position, je me suis précipitée dans ma chambre, craignant d'être surprise. Il n'était plus question d'étudier, les images que j'avais vues revenaient sans cesse me tourmenter. Pendant une semaine, il m'a été impossible de penser à autre chose. Je suivais mes cours comme un zombie, l'air sérieux, mais l'esprit totalement envahi par ce que j'avais vu ce soir-là.

Le vendredi suivant, Sonia a amené un autre garçon dans sa chambre. Cette fois, je suis restée assise à ma table, tentant d'intercepter le moindre bruit significatif. Pendant un long moment, je n'ai rien entendu et j'ai commencé à être déçue. C'est alors qu'une respiration rythmée s'est fait entendre à travers le mur. J'ai attendu d'être certaine qu'ils étaient trop occupés pour pouvoir m'entendre. Je me suis alors dirigée vers la porte qu'à mon grand désarroi j'ai trouvée fermée.

J'étais si frustrée que, pendant un moment, j'ai pensé regarder par le trou de la serrure, mais bien sûr, il n'y en avait pas. J'allais retourner dans ma chambre quand, en désespoir de cause, j'ai poussé légèrement la porte. Elle s'est entrouverte. Tout doucement j'ai continué à la pousser jusqu'à ce que je puisse voir à l'intérieur. La porte a émis un petit grincement, mais ils étaient trop préoccupés pour me prêter attention.

Sonia était étendue sur le dos, jambes écartées. Il se tenait sur elle, la baisant furieusement. Les mollets de Sonia étaient posés sur les épaules du garçon. Cette position avait pour effet d'ouvrir plus grande encore sa vulve. Quelle vision extraordinaire! Je pouvais voir le scrotum du garçon danser d'avant en arrière à chacune des pénétrations. Je voyais aussi ses muscles fessiers se crisper et se relâcher chaque fois qu'il s'enfonçait. Les râles de Sonia rythmaient chacun des mouvements. Chaque fois qu'il plongeait en elle, elle gémissait. Le seul fait d'imaginer ce qu'elle ressentait me procurait une sensation d'excitation extraordinaire. Je suis restée un long moment à les observer, tremblant à l'idée qu'ils puissent se retourner et me voir. Mais il m'était impossible de partir. Je suis restée assez longtemps pour entendre Sonia jouir. Puis la peur a repris le dessus et je suis retournée dans ma chambre.

Pendant les jours qui ont suivi, mon esprit est resté plongé dans le chaos. Je ne pouvais me concentrer sur rien. Je ne pouvais penser qu'à ce que j'avais vu, et à ce que je verrais la prochaine fois. J'avais décidé d'épier Sonia et ses petits amis aussi souvent que je le pourrais. Je me languissais de ce spectacle. Trois nuits plus tard, j'ai de nouveau eu l'occasion d'assister aux ébats de ma copine.

Cette fois-là, il a fallu que je tourne la poignée de la porte pour l'ouvrir. Mes mains tremblaient et ma gorge était sèche, mais rien ne pouvait m'arrêter. Ma curiosité libidineuse n'avait plus de limites. Le spectacle qui s'offrait à ma vue était si excitant que je me suis sentie défaillir. Je pouvais voir le pénis du garçon qui entrait et sortait. Je fixais, comme hypnotisée, le pelvis de Sonia qui se balançait.

Son ouverture était entourée d'un buisson de poils agglutinés et collés à la peau par l'humidité. Son vagin était soudé au pénis, l'enserrant plus étroitement à chaque mouvement de la chevauchée. À deux reprises, elle a bougé si violemment qu'il est sorti d'elle. J'ai alors vu l'extrémité enflée de son organe enduite de liquide. Ce qui m'excitait le plus, c'était de la voir se saisir du pénis de façon à pouvoir l'enfoncer de nouveau dans sa vulve.

Ils se sont tous deux mis à gémir, tandis qu'ils accéléraient le mouvement. J'ai compris qu'ils allaient jouir. Je suis restée clouée sur place, le regard comme soudé à ce que je voyais. Un moment après, il a crié: «Oh! oui!» et elle a hurlé: «Moi aussi.» Ils se sont cabrés, ont roulé l'un sur l'autre, jusqu'à ce qu'un filet de liquide séminal sorte de sa vulve et coule le long de son pénis. De voir cela m'a presque fait jouir aussi. J'étais dans un tel état de stupéfaction que je serais incapable de dire comment je suis retournée dans ma chambre.

Je suis restée des heures sur mon lit, pensant à la scène dont j'avais été témoin, brûlante d'excitation. Je commençais pourtant à me sentir coupable. J'avais envahi la vie privée de Sonia d'une façon impardonnable. J'éprouvais le besoin de me confesser, d'avouer à Sonia ce que j'avais fait et de lui demander de faire moins de bruit à l'avenir. Comme ça, je ne serais plus tentée de recommencer.

J'ai attendu le matin, au petit déjeuner. J'ai tourné autour du pot pendant un moment, puis j'ai fini par avouer toute la vérité à Sonia. Elle n'a pas dit un mot. Puis elle a souri et m'a tenu le plus étrange des discours. «Ça m'excite au plus haut point, a-t-elle murmuré de sa voix rocailleuse. Savoir que tu me regardais pendant que je baisais et suçais ces garçons, j'aime, j'adore. Je regrette de ne pas l'avoir su sur le moment, ça m'aurait rendue folle. La prochaine fois, je laisserai la porte grande ouverte.»

J'étais incapable de dire si elle parlait sérieusement, mais quelques jours plus tard, elle m'a prouvé qu'elle ne plaisantait pas. Elle s'apprêtait à sortir pour un rendez-vous quand elle m'a dit: «Jennifer, j'ai une très bonne idée pour ce soir. Je vais dire à mon ami que tu es sortie et que nous avons tout l'appartement pour nous seuls. Puis je l'emmènerai ici. Je laisserai la porte de ma chambre grande ouverte. Tu n'auras qu'à attendre que nous soyons bien en train pour t'approcher et regarder jusqu'à en être rassasiée. Mais fais attention qu'il ne te voie pas.

Jamais je n'ai vu Sonia aussi déchaînée que cette nuit-là. C'était comme si toute sa prestation m'était destinée. Postée dans l'ombre du corridor, je l'ai vue lécher chaque centimètre du corps du garçon. Il était couché sur le dos, tremblant et frissonnant à mesure qu'elle promenait sa langue sur son cou, sa poitrine, s'attardant longuement sur ses mamelons. Elle est descendue jusqu'aux orteils, faisant en chemin une brève halte au niveau de ses parties génitales, qu'elle a caressées doucement avec le bout de la langue. Puis elle a pris son pénis entre ses lèvres, l'enfonçant profondément dans sa bouche, puis le sortant un peu, et ainsi de suite. Elle me faisait face et je jurerais qu'à un certain moment elle m'a fait un clin d'œil tout en le suçant.

Après l'avoir léché pendant ce qui m'a paru être une éternité, Sonia a murmuré quelque chose que je n'ai pas entendu avant de se mettre à quatre pattes sur le lit. Son derrière était tourné vers moi et je pouvais voir la petite fente rouge et brillante d'humidité de son vagin. Son ami s'est mis à genoux derrière elle. Son gros pénis durci se tenait parfaitement droit devant lui, pointant vers l'ouverture de Sonia. Lentement, il a pris position contre ses lèvres puis, d'une simple poussée du bassin, il l'a pénétrée.

Sonia a émis un râle quand il a commencé à lui faire l'amour par derrière.

J'avais déjà entendu parler de cette position, mais je n'avais jamais imaginé à quoi ça pouvait ressembler. Je n'arrivais pas à croire que ça se passait pour de vrai, là, juste devant moi. Leurs cris emplissaient l'air au rythme de leurs coups de reins. Ça me faisait un effet extraordinaire. Je souhaitais être à la place de Sonia pour sentir, comme elle, ce pénis bien dur me pénétrer.

Alors que je croyais avoir tout vu, il s'est retiré de son vagin et a commencé à s'enduire le pénis d'huile pour bébés. Il l'appliquait avec de longs mouvements de la main, frémissant au plaisir que lui procurait sa propre caresse. Quand son pénis et son gland ont été recouverts, il a utilisé ses doigts pour appliquer de l'huile sur l'anus de Sonia. Cela ne pouvait dire qu'une chose et cette seule pensée m'a fait frémir.

S'avançant un peu sur les genoux, il a commencé à frotter son gland dans le sillon de ses fesses bien huilées. Les gémissements de Sonia devenaient plus forts à mesure qu'il prenait lentement appui sur son ouverture. Il resta un instant en équilibre contre son petit trou plissé, balançant son corps d'avant en arrière. Puis, sous mes yeux, l'extrémité enflée de son pénis est entrée dans son anus. Sonia a émis un son où se mêlaient plaisir et douleur.

Seul le bout était à l'intérieur; je pouvais encore voir son membre, raide et dur, comme une tige unissant leurs corps.

«Encore, a hurlé Sonia, donne-m'en plus! Pousse-la encore plus profond!»

Comme s'il voulait l'exciter davantage, il n'a donné qu'une petite poussée, n'enfonçant son pénis que de un ou deux centimètres. Le derrière de Sonia effectuait un mouvement de bas en haut, essayant de l'engloutir. Le scrotum du garçon dansait contre sa vulve tandis qu'il se glissait petit à petit en elle. Cela m'a paru long mais finalement, il est parvenu à s'enfoncer complètement dans l'anus étroit. J'étais incapable d'imaginer ce qu'elle pouvait ressentir.

Les cris et les gémissements qui sortaient de cette chambre avaient quelque chose d'irréel. Sonia projetait son arrière-train vers le type, comme si elle en voulait encore plus. Je ne l'avais jamais vue excitée à ce point. Je me demandais si c'était parce qu'elle savait que je regardais, ou si elle éprouvait vraiment du plaisir à être pénétrée de cette façon. Je me suis demandée aussi si elle avait déjà fait ça ou bien si elle avait concocté la chose juste pour m'offrir un bon spectacle.

Graduellement, le rythme de leurs poussées s'est accru jusqu'à ce qu'ils commencent à s'agiter frénétiquement l'un contre l'autre. Le choc que j'avais éprouvé au début s'était estompé et il semblait naturel au pénis d'être dans l'anus. Pendant qu'il pénétrait Sonia, le type a passé ses bras autour d'elle. Je ne voyais pas ce que ses mains faisaient, mais aux cris que s'est mise à pousser Sonia, j'ai su qu'il avait commencé à jouer avec son clitoris. «Je vais jouir, a-t-elle crié, continue, je vais jouir.»

Il s'est mis à grogner d'une voix rauque, et j'ai vu ses orteils se crisper. J'ai su qu'il jouissait. L'idée du sperme coulant au fond des boyaux de Sonia m'a enflammée. J'étais hypnotisée par le spectacle de ma copine de chambre recevant une giclée de ce pénis qui lui pénétrait l'anus. Inconsciemment, j'ai pressé une main contre mon vagin à travers mes vêtements. J'ai attendu jusqu'au moment où le pénis, redevenu mou, est sorti des fesses de Sonia, entraînant à sa suite un épais filet de liquide séminal.

Quand j'ai été sûre qu'ils en avaient terminé, je suis vite rentrée dans ma chambre. Je me suis couchée et me suis masturbée, essayant de me soulager de la tension qui m'avait envahie. Alors que mes doigts s'agitaient, je pensais à ce que j'avais vu. Toutes ces images érotiques se mêlaient pour accroître mon excitation, mais je pense que ma plus grande stimulation venait de ce que Sonia savait que je regardais.

Au cours des trois années qui ont suivi, ma vie sociale s'est améliorée et je suis sortie avec plusieurs garçons. Mais j'ai encore passé beaucoup de temps à la porte de Sonia, observant et apprenant. Les choses que j'ai vues pourraient remplir un livre.

Quelques années après le collège, j'ai rencontré Adam. Nous sommes sortis ensemble pendant trois ans, puis nous nous sommes mariés. J'ai gardé mon amitié pour Sonia et on se voyait souvent. Un soir, après avoir dîné avec elle, Adam a fait quelques commentaires sur la beauté de son corps. Nous étions au lit.

«Est-elle aussi belle sans ses vêtements qu'avec? m'a-t-il demandé. Tu dois l'avoir vue nue quand vous partagiez le même appartement.

— Si je l'ai vue? J'ai vu le corps de Sonia dans des positions que tu ne pourrais même pas imaginer.»

J'ai vu passer dans le regard d'Adam une lueur qui en disait long sur l'intérêt qu'il portait à ma réponse. Au début, quand il m'a demandé des détails, je suis restée très évasive. J'étais quelque peu embarrassée à l'idée d'admettre que j'avais si longtemps pratiqué le voyeurisme. Mais il m'a questionnée de telle façon qu'il est devenu clair que cette chose dont il se doutait l'excitait vraiment. Alors, j'ai commencé à lui parler de cette époque où Sonia et moi étions colocataires.

J'en ai d'abord parlé vaguement, disant que je ne l'avais vue qu'occasionnellement au lit avec des hommes. Mais il a continué à me questionner et, chaque fois, j'en disais un peu plus. Plus je m'approchais de la vérité, plus il semblait excité. Au bout d'un moment, toute gêne m'a abandonnée et je lui ai raconté dans le détail les choses que j'avais vues dans la chambre de Sonia.

La première fois, j'ai surtout parlé de la relation anale dont j'avais été le témoin. Je sentais le corps d'Adam s'enflammer passionnément à mesure que je racontais. Je savais qu'il fantasmait en pensant à une Sonia nue et en chaleur, et ça ne me gênait pas du tout. Il était plus excité que jamais, et ça me plaisait de penser que c'étaient mes mots qui le mettaient dans cet état. Plus je parlais, plus il s'échauffait. Cette nuit-là, nous avons fait l'amour comme ça ne nous était pas arrivé depuis longtemps. J'ai continué de décrire les exploits de Sonia pendant que nous faisions l'amour. Nous avons fait l'expérience de plaisirs érotiques qui nous étaient jusque-là inconnus.

Chaque fois que nous parlons de Sonia, c'est comme si nous agitions une baguette magique capable d'ensoleiller notre vie sexuelle. C'est fantastique. Nous avons réalisé tout de suite que nous avions trouvé un jeu auquel nous allions jouer toute notre vie. Et nous y jouons toujours. Sonia n'est au courant de rien, bien sûr, mais Adam et moi la regardons faire l'amour aussi souvent que nous le voulons. Il nous suffit d'en parler et de laisser peu à peu notre imagination prendre le dessus. Chaque fois que nous le faisons, c'est meilleur que la fois précédente.

HUBERT ET SHEILA

Steve:

Hubert est un conseiller en investissements auquel Iris et moi faisons occasionnellement appel. Un jour où nous discutions de notre régime de retraite, je lui ai demandé quel type d'arrangement il avait prévu pour la sienne. J'ai été surpris de l'entendre répondre qu'avec sa femme, Sheila, ils voulaient acquérir un petit hôtel.

«Je pensais que vous aviez assuré vos arrières et perceviez les dividendes de tous vos investissements, lui ai-je dit. Il ne doit pas y avoir beaucoup d'argent à faire dans un petit hôtel. Et si vous prévoyez de le gérer vous-mêmes, je doute que vous gagniez assez pour vous dédommager du temps que vous allez lui consacrer.»

«Vous avez raison, s'est exclamé Hubert. À vrai dire, nous pourrions vivre de nos seuls investissements. L'idée de l'hôtel ne relève que du fantasme. Nous nous amusons beaucoup avec ça.»

Au mot fantasme, j'ai dressé l'oreille et lui ai parlé de notre livre.

«Je vais vous raconter notre fantasme, a-t-il répondu. Mais si vous l'utilisez dans votre livre, je ferais peut-être mieux de négocier une part des bénéfices...»

****

Tout a commencé il y a quelques années, alors que nous partions en vacances. On roulait sur l'autoroute de la côte du Pacifique qui relie la Californie à l'Oregon. On s'arrêtait dans les meilleurs hôtels. Une nuit, alors que nous étions dans une charmante auberge qui surplombait l'océan, on s'est amusé à observer le ciel, nous émerveillant à la vue des étoiles. On n'en voit pas autant en ville qu'à la campagne. Ce ciel était si extraordinaire que nous avons décidé de l'observer depuis le bain tourbillon extérieur. Il était plutôt tard et nous pensions que le bain serait vide et qu'il nous suffirait de nous étendre paresseusement dans l'eau pour admirer la voie lactée.

Nous avons mis nos maillots de bain et nous nous sommes dirigés vers le bain. Un couple s'y trouvait déjà. Sheila voulait revenir à la chambre et je m'apprêtais à la suivre quand j'ai remarqué que la fille qui se trouvait dans l'eau avait la poitrine nue.

«Attends un peu, ai-je dit, regarde!»

Dans un silence absolu, nous sommes restés là à les observer. Un moment plus tard, nous nous sommes aperçus que la femme était complètement nue et que l'homme était dans la même tenue. Ils ne se doutaient pas qu'on les observait et ils s'ébattaient librement. Ils s'éclaboussaient et jouaient avec l'eau pendant quelques secondes, puis l'homme se penchait vers elle et lui suçait le bout des seins. À un certain moment, il s'est mis debout et l'a soulevée dans ses bras, sortant la moitié de son derrière hors de l'eau. Elle l'a enveloppé de ses jambes et je pourrais jurer que je l'ai vu la pénétrer.

J'ai toujours été plus ou moins voyeur et laissez-moi vous dire que j'ai apprécié le spectacle. Mais Sheila commençait à se sentir mal à l'aise. Elle m'a dit: «Viens, Hubert, rentrons à notre chambre!» Je savais que si je n'agissais pas immédiatement, je manquerais le reste.

Je me suis mis à courir en criant: «Viens Sheila!» Puis j'ai sauté dans le bain. Je n'ai jamais vu des individus aussi surpris de toute ma vie. La femme a dénoué ses jambes et s'est laissée couler dans l'eau jusqu'au menton. En dépit des remous furieux du bain tourbillon, je voyais ses seins. Et je voyais le pénis de l'homme, raide de frustration.

Je leur ai souri innocemment, essayant de prendre un petit air à la Jack Nicholson. Je voyais à leur expression qu'ils savaient que je savais. Et ils savaient que je savais qu'ils savaient que je savais.

Ne sachant que faire, Sheila est venue me rejoindre à contrecœur dans le bain. Un silence gêné a plané pendant un bon moment. Puis l'homme s'est adressé à nous: «Profitez bien de la piscine, nous allions justement partir.»

J'ai vraiment admiré le cran de ce gars-là. Il est sorti du bain tourbillon avec dignité, feignant d'ignorer qu'il était nu comme un ver et que son gros pénis durci se balançait dans tous les sens. Il s'est tranquillement enveloppé dans une serviette, prenant tout son temps et ne montrant aucun signe de gêne. Puis il a ouvert une autre serviette pour sa femme. Elle a pris un air digne, elle aussi, a fait un pas vers l'homme et s'est laissé recouvrir de la serviette sans même se retourner vers nous.

À dire vrai, je regardais sans aucune honte et je me suis rincé l'œil. Tandis qu'elle montait les marches du bain, j'ai pu très nettement voir ses fesses et son sexe. Sheila regardait ailleurs, le visage cramoisi de honte. Mais je savais qu'elle ne s'était pas privée de regarder le sexe de l'homme au moment où il était sorti de l'eau.

Quand ils se sont éloignés, Sheila a murmuré: «Comment as-tu pu faire une chose pareille? Ces gens-là doivent être horriblement gênés.»

Je me suis mis à rire. «Je n'ai pas pu m'en empêcher, ai-je répondu, il fallait que je voie ça de plus près. Et de toute façon, nous n'avons pas eu l'air de trop les déranger.» Je lui ai montré du doigt le couple qui s'éloignait. Ils se dirigeaient maintenant vers l'hôtel, bras dessus, bras dessous, simplement vêtus de leurs serviettes. Ils plaisantaient et paraissaient s'amuser beaucoup. «Regarde, il vient de lui mettre la main aux fesses. Ils vont terminer dans leur chambre ce qu'ils ont commencé ici.»

Sheila s'est collée contre moi. «Tu crois?» a-t-elle demandé. L'incident l'avait visiblement mise dans de bonnes dispositions. «Ne serait-ce pas distrayant de les voir faire, m'a-t-elle demandé, le souffle court, mais en secret, sans qu'ils se doutent de quoi que ce soit, grâce à un circuit fermé de télévision, ou quelque chose du genre?»

Son excitation était palpable. Je l'ai prise dans mes bras et lui ai soufflé à l'oreille: «Pourquoi ne pas rentrer dans notre chambre et parler de tout cela avant de devenir indécents et que quelqu'un nous surprenne comme nous les avons surpris tout à l'heure.»

Nous avons pratiquement couru jusqu'à notre chambre, pouffant de rire pendant tout le trajet. À peine arrivés, nous avons arraché nos maillots de bain et nous nous sommes jetés sur le lit. Tout en nous caressant, on s'est murmuré ce que nous avions vu dans le bain tourbillon. Puis, désignant l'écran de télévision, j'ai dit: «Regarde ce qu'ils font maintenant!» J'ai commencé à décrire la femme telle que je l'avais vue dans le bain, le haut du corps offert au regard et les mamelons en érection. Au fur et à mesure que je parlais, Sheila s'excitait.

J'ai continué la description, parlant du sexe de l'homme, de sa rigidité. La respiration de Sheila se faisait rauque. J'ai poursuivi en improvisant. Je parlais du couple dans le lit de leur chambre d'hôtel. La main de la femme caressait le sexe énorme de l'homme. Je décrivais de quoi avait l'air sa chatte au moment où il y glissait un doigt. Pendant tout ce temps, je continuais de fixer l'écran de télévision et me comportais comme si, vraiment, je voyais ce dont je parlais.

«Ne serait-ce pas extraordinaire de voir ça sur notre téléviseur! a-t-elle dit dans un souffle. Il doit y avoir, en ce moment, beaucoup de gens en train de faire l'amour dans leur chambre. Ce serait si excitant de les voir tous. En particulier ceux qui sont venus exprès pour ça.»

J'ai continué à la caresser pendant qu'elle parlait. Elle devenait de plus en plus humide. Puis, soudain, à sa surprise autant qu'à la mienne, elle a commencé à jouir. Ce n'était jamais arrivé si vite et de façon aussi imprévue. Ça m'a fait un choc parce que je ne lui avais pratiquement rien fait. Quelques mots et une caresse paresseuse avaient suffi à la faire jouir. J'ai continué à la masturber doucement jusqu'à ce qu'elle ait fini de jouir. Puis, j'ai recommencé. En un rien de temps, elle était repartie.

Je suis alors devenu très cru dans ma description. Je voyais le couple baisant furieusement, changeant fréquemment de position. Sheila fixait l'écran comme s'il lui était possible de tout voir. Elle a joui, encore, et encore, et encore. Puis, n'en pouvant plus, elle m'a caressé jusqu'à ce que j'explose.

Nous sommes restés éveillés jusqu'aux petites heures du matin, fantasmant au sujet des couples que nous pourrions épier sur notre circuit fermé de télévision. C'est alors que l'idée nous est venue d'avoir notre propre hôtel. Dans notre hôtel imaginaire, quelques-unes des chambres sont équipées de caméras vidéo cachées, chacune d'elles étant reliée à un canal de notre propre téléviseur. L'un de nous travaille à la réception afin de s'assurer que les couples les plus sexy sont bien envoyés dans l'une de ces chambres. Nous pouvons alors passer le reste de la nuit dans notre chambre, allant d'un canal à l'autre pour regarder s'ébattre les couples naïfs.

Nous jouons à ce jeu tout le temps. Et nous sommes de plus en plus décidés à mettre notre projet à exécution un jour ou l'autre. Ça ne va sûrement pas se passer dans l'immédiat, mais une chose est certaine, c'est toujours aussi agréable d'en parler. Et du point de vue sexuel, ça nous a déjà beaucoup inspirés.

JERRY ET LINDA

Steve:

Jerry est juge. Je l'ai connu, avec sa femme Linda, à une époque où, jeune avocat entreprenant, il avait des ambitions politiques. Bien que la personnalité publique de Jerry soit parfaitement appropriée à sa mission, il agit et parle en privé comme s'il était Monsieur Tout-le-Monde. Un jour que nous mangions ensemble, il m'a dit que sa femme et lui projetaient de faire un voyage sur la côte Est. Il m'a alors surpris en me demandant: «Connais-tu un bon club de sexe à New York?»

Il a été déçu lorsque je lui ai expliqué qu'après quinze années passées en Californie, je n'en connaissais certainement pas plus que lui sur New York.

«Quel dommage! s'est-il exclamé. Linda et moi espérions tellement réaliser un vieux fantasme sexuel en allant là-bas.

— Pourquoi ne pas m'en parler? ai-je dit en essayant de ne pas trop manifester mon intérêt. Peut-être pourrai-je te donner quelques bons conseils.

— Tu essaies de m'avoir, espèce de faux jeton! Je sais très bien que tu es en train de ramasser du matériel pour le livre que vous écrivez en ce moment. Bon, j'y vais. N'oublie surtout pas de changer nos noms...»

****

Linda et moi ne sommes jamais allés à New York. Mais je sais qu'il y a des endroits où des couples peuvent se rencontrer pour faire l'amour ensemble. Linda et moi avons toujours été fascinés par cette idée, mais nous n'avons jamais franchi le pas jusqu'ici. À cause de ma situation bien sûr. Imagine un peu la pub que ça me ferait si on me prenait la queue dans le mauvais trou. Mais ce n'est pas tout. L'idée de draguer une autre femme ne m'intéresse pas vraiment, pas plus que ne me séduit la perspective de voir Linda draguer un autre type.

Mais le fait est que Linda et moi aimons regarder d'autres gens faire l'amour. Et je pensais que peut-être tu connaîtrais un endroit où nous pourrions aller voir ça, sans pour autant y participer. La vérité, c'est qu'aussi loin que je me souvienne, Linda et moi fantasmons à ce sujet.

Dans notre fantasme, nous allons dans une boîte qui dispose d'une salle d'orgie où les gens se rencontrent pour baiser ensemble. Pour un petit supplément, on peut louer une cabine privée surplombant cette salle. La cabine est équipée d'un lit et d'un miroir sans tain permettant de voir sans être vus. Le personnel nous apporte un bon vin, ce qui nous aide à nous mettre en condition.

Il nous arrive parfois de consacrer une nuit entière à ce fantasme. Nous baissons la lumière de notre chambre et nous nous glissons dans notre lit, imaginant que nous sommes dans cette boîte. Nous dégustons quelques verres de vin, comme si nous attendions que l'orgie commence. Puis on se déshabille complètement et on se couche l'un contre l'autre, les yeux fermés. C'est très important de fermer les yeux parce que ça fait paraître notre fantasme encore plus réel.

Nous restons couchés comme ça toute la nuit à parler de ce que nous voyons à travers le miroir sans tain. Je connais le type de scènes qui affolent complètement Linda; je les invente au fur et à mesure. Elle adore les histoires de femmes qui se font prendre par deux hommes. Elle aime m'entendre décrire leurs pénis et ce qu'ils font avant de plonger dans les profondeurs de la femme.

Je lui dis des trucs du genre: «Regarde la rousse avec les deux types là-bas. Il y en a un des deux qui a un pénis aussi gros qu'un bâton de base-ball, et elle le tient serré dans sa main. Elle commence à le sucer maintenant. Regarde comment il glisse dans sa bouche.» Tout en parlant, je mets la main de Linda sur mon pénis, comme ça, si elle veut, elle peut s'imaginer qu'elle est dans la peau de la femme.

Dans notre fantasme, je lui décris comment les deux hommes baisent la femme: elle est debout, penchée en avant, de telle manière qu'un homme peut la prendre par derrière pendant qu'elle suce l'autre. Je leur mets toujours de gros membres parce que je sais que ça excite Linda. Et les femmes ont toujours des seins énormes, elle aime ça aussi.

Sa description favorite, c'est celle où une femme reçoit un premier pénis dans son vagin et un deuxième dans l'anus. Je prends toujours mon temps pour lui raconter ce fantasme très particulier. D'abord, la femme lèche les deux pénis en même temps. Puis on lui en enfonce un dans le derrière pendant qu'elle suce l'autre. Parfois, je deviens vraiment créatif. Je vois la femme à quatre pattes avec un bonhomme qui la baise par derrière pendant que l'autre, couché sous le corps de la femme, lui lèche le clitoris.

Pendant tout ce temps, je caresse Linda aux endroits que je lui décris. Mes doigts la pénètrent de la même façon que les pénis pénètrent la femme de notre fantasme. Je sens son excitation grandir, tandis qu'elle mouille de plus en plus. Quand je la sens jouir, je commence à lui décrire le doublé qu'elle aime tant.

L'un des hommes est couché sur le dos, avec une érection monumentale. Son pénis est dressé en l'air. La femme s'accroupit alors sur lui et s'enfonce sur son sexe centimètre par centimètre. Quand il est entièrement rentré en elle, elle se penche vers l'avant, écrasant ses seins contre le torse de l'homme. Tout en la baisant, il empoigne ses fesses et les écarte afin de bien montrer son petit trou à l'autre homme.

Ici, je m'attarde à lui décrire de quelle façon son trou s'ouvre puis se ferme à mesure que le pénis entre et sort du vagin. Je lui dis que le gars du dessous suce les mamelons de la femme et, en même temps, je pince ceux de Linda. Enfin, je lui décris en détail le pénis de l'autre homme et les mouvements qu'il fait avant de la pénétrer. Il s'enfonce alors profondément dans son cul, puis ils se mettent à bouger tous les trois avec des mouvements parfaitement rythmés, comme s'ils ne faisaient plus qu'un.

À ce moment précis, Linda est au bord de l'orgasme. Alors je ralentis mes caresses et, pour que ça dure plus longtemps, je me concentre sur la description. Je lui raconte de quoi ont l'air ces deux pénis qui entrent et sortent de leurs orifices juteux, et je lui dis combien cela doit être merveilleux pour la femme. À la fin, quand je pense qu'elle ne peut plus tenir davantage, je me mets à la masturber sauvagement avec les doigts jusqu'à ce qu'elle jouisse encore, et encore, et encore.

Puis c'est à mon tour. J'adore que Linda me décrive deux femmes en train de faire l'amour ensemble. Elle caresse mon pénis en me parlant de leurs gros seins et de leur sexe. Elle est particulièrement douée pour décrire dans le détail leurs mamelons et leurs petites lèvres. Quand elle me dit que l'une d'elles vient de mettre sa bouche sur la fente de l'autre, mon pénis se met à palpiter. Elle va jusqu'à me décrire l'odeur de leur sexe. Quelquefois, en me parlant, elle se rentre un ou deux doigts dans le vagin, puis les met sous mon nez pour que je puisse sentir. C'est si vrai que le fantasme devient presque vivant.

À ce moment, je suis si excité que la seule chose que je veux faire, c'est jouir. Linda me connaît si bien qu'elle sait parfaitement comment ne pas aller trop loin. Elle parvient généralement à me maintenir dans cet état pendant un bon moment, en me pressant le sexe ou en changeant de sujet. Finalement, quand elle décide que ça suffit, elle se met à me masturber pendant que les deux femmes de mon fantasme se livrent à un soixante-neuf érotique.

Ça peut durer toute la nuit. Nous nous occupons l'un de l'autre et nous nous faisons jouir chacun à notre tour. On ne se fatigue jamais de ce jeu. Je suis sûr que, quoi qu'il arrive à New York, nous continuerons à y jouer. Mais j'espère que nous aurons la chance de réaliser notre fantasme. Peut-être que si on trouve un tel endroit, on va en crever. Mais par tous les diables, nous aurons au moins vécu notre fantasme.

9

Entraînons-nous ensemble

Il y a plus de vingt-cinq ans, le président John F. Kennedy déclarait que les Américains étaient le peuple le plus mou du monde. Notre attitude à l'égard de l'activité physique a, depuis lors, considérablement évolué. Aujourd'hui, nous sommes plus que jamais préoccupés par notre forme physique. Nous devenons membres de centres de conditionnement ou de clubs de squash. Nous courons, faisons du jogging, et certains d'entre nous poussent le vice jusqu'à faire des «promenades-santé» autour des centres commerciaux. Nous travaillons nos élongations avec Richard Simons; nous nous entraînons avec Jane Fonda. Nous pédalons, escaladons des rochers et nageons jusqu'à épuisement. Nous sommes à l'affût des championnats d'haltérophilie et des concours de bras de fer.

Bon nombre de supermarchés sont équipés d'appareils capables de mesurer notre pouls et, pour une somme modique, quelques magasins d'alimentation naturelle déterminent notre taux de cholestérol. Nous pouvons même faire l'achat d'un tensiomètre qui nous permettra de contrôler notre tension. Jamais nous n'avons passé tant de temps à penser à notre corps.

Il est naturel que la contemplation de tant de chair et de muscles en amène certains à établir une relation avec le sexe. Chaque fois que nous nous regardons dans une glace pour voir si nous avons perdu une livre dans les fesses ou si nous avons gagné quelques centimètres autour des biceps, nous contemplons notre corps et faisons forcément le lien avec le plaisir que nous pouvons en tirer. Chacune de nos séances de transpiration nous rappelle, avec raison, les liquides et les odeurs du coït.

Quand nous voyons les autres s'entraîner durement, il nous arrive d'être excités à la seule vue de leurs corps moulés dans des vêtements que la sueur colle aux contours de leur sexe ou de leur poitrine. Quelques-uns des effets que nous portons lors de nos séances d'entraînement semblent être spécialement conçus pour susciter une sensation éro-tique. Certains matériaux très adhérents peuvent envelopper un corps de telle façon qu'il devient plus excitant à contempler que s'il était nu.

La culture physique et la sensualité sont parfois si liées que, pour beaucoup de gens, l'exercice et la forme physique sont propices à la création de fantasmes. Tout en s'entraînant, certains s'imaginent qu'ils se livrent à un acte sexuel et, à l'inverse, il en est qui pensent qu'ils s'entraînent lorsqu'ils font l'amour. Certains construisent leur fantasme autour de l'habillage et du déshabillage qui accompagne l'activité physique.

CATHY ET DAVID

Iris:

J'ai rencontré Cathy dans un gymnase où j'essayais de perdre quelques kilos. Elle était instructrice et possédait un corps que lui enviaient bien des femmes. Elle avait une ligne et une taille que chacune de nous s'efforçait d'atteindre. Quand je lui ai demandé ce qu'il fallait faire pour avoir un corps comme le sien, elle m'a répondu que c'était facile. «Il te suffit de faire quatre à six heures d'exercice par jour, et ce, la vie durant. Et si tu as un métabolisme rapide, cela ne te nuira pas non plus.»

Elle nous a expliqué qu'elle et son mari, David, sont des mordus de la forme physique. Ils passent le plus clair de leur temps à s'entraîner, et ils adorent ça. Quand j'ai connu Cathy un peu mieux, elle m'a expliqué le rôle que jouait l'exercice physique dans leurs fantasmes sexuels...

★★★★

Nous nous entraînons toujours ensemble, David et moi. Nous courons ensemble, nous faisons de la gymnastique ensemble, nous levons des poids ensemble. En fait, c'est comme ça qu'on s'est rencontrés. Nous fréquentions tous deux le même gymnase.

Quelques années après notre mariage, nous avons décidé de monter une salle d'entraînement chez nous. On trouvait, entre autres raisons, que la plupart des gens qui fréquentaient le gymnase manquaient de sérieux dans leur façon de s'entraîner. Mais le principal motif de notre décision, c'est que David voulait que nous travaillions nus, et ça, on ne pouvait le faire au gymnase.

J'aime voir les muscles de David se contracter et onduler quand il lève des poids ou travaille à la barre fixe. J'adore regarder ses fesses se serrer et se durcir. Rien ne m'excite davantage que de voir son corps parfaitement formé en action. J'aime aussi admirer mon propre corps quand je travaille, surtout quand ma poitrine remonte au moment où je contracte mes pectoraux.

Quand la salle a été terminée, nous avons installé des miroirs partout, même au plafond. Je pouvais ainsi me regarder tout au long de l'entraînement. Parfois, je peux voir le corps de David sous trois ou quatre angles différents. Ça m'excite réellement. Comme je trouve très excitant d'être regardée par lui.

Il arrive aussi qu'il ait une érection quand il s'entraîne. Il lui suffit de me regarder dans un miroir. Quand ça arrive, je sens une sorte de passion envahir mon corps. Mes mamelons deviennent durs et je peux les voir se dresser et durcir. Je commence alors à bouger plus lentement, passant des gestes d'entraînement physique à un exercice de séduction.

Je fais des flexions de genoux, très graduelles, et, au fur et à mesure que mon corps descend, mes jambes s'ouvrent grand, dévoilant mon sexe dans le miroir. Ou alors, je me penche en avant jusqu'à toucher mes orteils. Je bouge très lentement afin que David puisse bien regarder mon derrière.

Il y a des moments où nous sommes tellement excités que nous finissons par faire l'amour à même le tapis d'exercice. On peut se voir dans les miroirs et laisser travailler son imagination. On fait comme si on participait aux jeux olympiques du sexe. Nous pouvons alors concourir dans les épreuves de style libre, ou encore être en lice pour le titre de la «prise par derrière». Nous sommes jugés sur notre travail d'équipe, nos mouvements musculaires, l'élégance de notre accouplement et nos techniques sexuelles.

Pendant que nous faisons l'amour, nous regardons notre reflet dans le miroir et adoptons les poses qui pourraient nous valoir une médaille olympique. Par exemple, je me couche sur le dos et me déplace jusqu'à ce que mes seins soient exactement dans la bonne position. Puis David me pénètre, tournant son corps de telle façon que le miroir nous renvoie l'image entière de son pénis entrant en moi. David me dit alors: «Écoute ces encouragements. Le public nous adore.» Ou encore: «Les juges vont devenir fous quand ils vont voir ton petit cul bouger de cette façon.»

Parfois, nous faisons semblant d'être à quelques jours d'une compétition et de nous entraîner. Nous répétons un même mouvement sans relâche pour atteindre la perfection. J'ai un jour essayé de rester debout, parfaitement immobile, un jambe étendue, pendant que David, debout lui aussi, me prenait par derrière. Mes muscles sont devenus un peu douloureux, mais l'effet produit dans le miroir m'a permis de surmonter la douleur. Le pénis de David paraissait très long et très dur. Quand il s'enfonçait en moi, il semblait aller plus profond que jamais. Je pense que nous avons gagné une médaille d'or cette fois-là.

Si un jour il existe vraiment des olympiades du sexe, David et moi sommes assurés de faire partie de l'équipe nationale.

FRANK ET CAROLINE

Steve:

La vie d'un professeur de droit est en général assez sédentaire. Il semble que l'effort le plus violent qu'il ait à produire consiste à replacer un livre sur son étagère après une recherche. En dépit de cela, Frank, un de mes collègues qui enseigne dans une école de droit, parvient à rester en bonne forme. Je lui ai récemment demandé son secret.

«Tennis, m'a-t-il répondu, beaucoup de tennis. Caroline, ma femme, et moi, jouons trois à quatre fois par semaine. C'est bon pour notre corps et ça fait aussi des merveilles pour notre vie sexuelle.»

Sa réponse a attisé ma curiosité et j'ai demandé des précisions à Frank.

«Je savais que ça t'intéresserait, m'a-t-il lancé, alors je vais te raconter. C'est peut-être bon pour ton bouquin...»

* * * *

Caroline et moi faisons partie d'un club de tennis depuis des années. Quelquefois nous jouons en double, et d'autres fois nous jouons seuls. Au moment où nous regagnons les douches, nous avons pas mal transpiré.

J'éprouve toujours une sorte de nostalgie très sexuelle quand j'entre dans des vestiaires. Je pense que la vue des casiers et des bancs me rappelle l'université. Un jour, un de mes camarades avait volé la clé d'un cagibi attenant aux vestiaires de la piscine. À l'aide d'outils empruntés à l'atelier, nous avons percé quelques trous dans le mur. Le jour où les filles prenaient leur cours de natation, on se faufilait dans ce cagibi pour les épier au moment du déshabillage et de la douche.

C'était vraiment une époque chargée d'érotisme. Je m'en souviens encore très bien aujourd'hui et la seule évocation de ce souvenir continue de m'exciter. Il y avait quarante ou cinquante filles qui se déshabillaient en même temps. C'étaient des filles à côté desquelles on s'asseyait en classe.

Les filles avec lesquelles on rêvait de faire l'amour et celles qui jamais ne se laisseraient toucher. Là, elles étaient toutes nues, exposées, à attendre qu'une douche se libère. Une sorte de buffet visuel, quoi! On les regardait pendant des heures, et il nous arrivait même de nous masturber, l'œil collé à notre trou.

Un jour, alors que nous rentrions du tennis, j'ai raconté cette histoire à Caroline. J'ai tout de suite senti que ça l'excitait. Elle m'a bombardé de questions sur la fréquence de mes séances de voyeurisme et sur ce que je voyais à travers mon trou. Elle m'a même demandé des détails sur les filles que nous observions. Comment elles s'appelaient? À quoi elles ressemblaient? Avaient-elles de gros seins? La toison des rousses était-elle de la même couleur que leurs cheveux? Ce type de choses, quoi.

Le temps d'arriver à la maison et elle ne se tenait plus. Elle m'a pris par la main et m'a conduit droit à la chambre. On s'est caressés un moment tout en parlant des vestiaires. Puis elle m'a dit qu'elle aimerait vivre une expérience de ce genre elle aussi. Qu'elle aimerait bien jeter un coup d'œil dans le vestiaire des hommes du club de tennis sans que personne ne le sache afin de regarder les joueurs se déshabiller et se doucher.

«Je vais te dire ce que nous allons faire, lui ai-je dit en plaisantant. Un de ces jours, je vais t'aider à te glisser dans le vestiaire des hommes et tu pourras te cacher dans un des casiers. Une fois là, tu pourras regarder jusqu'à en être rassasiée.»

Le souffle de Caroline est devenu plus profond. «Dis-moi, a-t-elle murmuré. Qu'est-ce que je verrai?»

Au début, je ne savais pas vraiment ce qu'elle attendait. «Tu verras des hommes nus», ai-je répondu.

Elle a paru gênée pendant une minute. Puis, hésitante, elle m'a demandé: «Dis-moi de quoi ils ont l'air.»

Je ne savais pas quoi dire. «Eh bien, si tu avais été là aujourd'hui, tu aurais vu Oscar. Il a le plus gros pénis que j'ai jamais vu.

— Que veux-tu dire, m'a interrompu Caroline, long, gros, ou quoi?»

J'étais abasourdi. Ça fait toujours un coup de s'apercevoir que sa propre femme s'intéresse aux pénis des autres hommes. Mais quand j'ai vu à quel point ça l'excitait, j'ai décidé de jouer le jeu et de décrire en détail le pénis d'Oscar — sa longueur, sa grosseur, sa couleur, sa forme. Elle m'a encore posé des questions auxquelles il m'était impossible de répondre. Je n'avais jamais regardé d'assez près. Alors j'ai commencé à inventer, à lui donner une vision vraiment pornographique de la chose. Quand j'en ai eu fini avec Oscar, elle m'a supplié de lui parler des autres. Je lui ai fait d'autres descriptions obscènes de pénis — inventées pour la plupart.

Après un moment, elle m'a demandé de lui parler de Hans, le moniteur de tennis. Elle voulait savoir s'il utilisait le même local que les membres du club, et si je l'avais déjà vu sous la douche. Il semblait évident qu'elle avait imaginé des tas de choses au sujet de ce type. C'est un beau grand garçon de type européen — Allemand, je suppose — blond et musclé.

Je n'avais bien entendu jamais vu Hans sous la douche, mais Caroline semblait si stimulée que j'ai décidé de la satisfaire. Je suis entré dans les détails pour décrire son sexe, lui disant tout ce qu'elle voulait entendre. Faire semblant rendait le jeu plus intéressant.

Tandis que je parlais, elle s'est emparée de mon pénis et s'est mise à le caresser. C'était délicieux. Je ne voulais surtout pas que ça s'arrête; alors je suis vraiment entré dans une description imaginaire. J'avais le sentiment que c'est Hans qu'elle croyait caresser, mais je m'en foutais. C'était juste pour faire semblant.

J'ai commencé à la caresser et j'ai continué à parler jusqu'à ce que nous soyons tous les deux au bord de l'orgasme. Un vrai feu d'artifice! C'était fantastique pour chacun de nous.

Depuis lors, nous avons refait ce petit jeu à maintes occasions. Ça commence en général sur le chemin du retour et ça continue dans notre chambre, jusqu'au milieu de la nuit. Caroline fait semblant d'être réellement enfermée dans un casier du vestiaire des hommes. Mais chacun de nous sait pertinemment que ce n'est rien de plus qu'un fantasme.

RITA ET CHARLES

Iris:

Rita est technicienne en vidéo. Elle travaille pour une compagnie qui commercialise les conférences de Steve. Pendant les enregistrements, elle doit parfois courir d'un bout à l'autre de la salle de contrôle pour passer d'une caméra à l'autre ou pour changer de système vidéo. Mais, la plupart du temps, elle n'a plus rien à faire une fois qu'elle a poussé le bouton de mise en marche, sinon attendre pendant quarante-cinq minutes, le temps que dure la conférence. Pendant ces moments creux, nous bavardons dans la salle de contrôle.

Nous avons déjà eu de nombreuses discussions et il n'est pas rare que je me réjouisse à l'idée de ces enregistrements simplement parce que je sais que je vais avoir l'occasion de bavarder avec Rita. Elle m'a récemment parlé d'un projet auquel elle et Charles, son mari, travaillent présentement...

****

Charles est assistant producteur pour une chaîne de télévision. Nous avons eu une idée formidable: créer une cassette d'exercice physique tout à fait unique. Ça pourrait faire des ravages. Ce serait beaucoup plus excitant que «Entraînez-vous avec Jane Fonda».

Nous faisons tous les deux de l'aérobic et nous avons visionné tout ce que le marché propose en guise de programmes d'exercice. Certaines cassettes donnent des programmes si faciles qu'on a aucun plaisir à s'entraîner là-dessus. D'autres sont si difficiles qu'il faut être un professionnel pour les suivre. Notre idée consiste à mettre au point un programme d'entraînement qui, tout en développant la compétitivité de chacun, resterait accessible à tous. Il devrait également être si excitant que personne ne chercherait d'excuses pour ne pas le suivre. Et le plus important, c'est que ça se vendrait comme des petits pains.

Une seule chose nous permettrait de parvenir à ce résultat: le sexe. On va appeler ça les «sexercices». La formule consiste à trouver des positions sexuelles qui font travailler tous les muscles du corps tout en stimulant l'appétit sexuel. Les couples travailleraient ensemble, non seulement pour améliorer leur condition physique et leur musculature, mais aussi leur vie sexuelle.

Chaque fois que nous faisons l'amour, nous travaillons à quelques enchaînements de nos «sexercices». Naturellement, nous projetons de faire nous-mêmes les démonstrations sur notre cassette. Nous n'avons pas encore terminé d'assembler les enchaînements, mais nous sommes déjà venus à bout de plusieurs exercices.

Nous nous échauffons en sautant un peu dans tous les sens et de façon désarticulée. Nous prévoyons d'être complètement nus pour le programme en lui-même, mais il ne serait pas opportun de faire les premiers exercices sans vêtement. Charles porte un cache-sexe et je suis pour ma part vêtue d'un justaucorps. J'aime observer le contour des testicules de Charles à travers son bout de tissu. Et il a toujours le regard collés sur mes seins qui se balancent de bas en haut. À ce moment, la caméra devrait faire un gros plan pour montrer le contour de mes mamelons à travers mon maillot, puis sur le cache-sexe de Charles afin que l'on voie à quel point il est gonflé.

Au moment où nous transpirons tous les deux abondamment, nous ôtons tous nos vêtements. La sueur dégouline entre mes seins et le pénis de Charles est luisant d'humidité. La caméra zoome sur tout ça.

Nous sommes alors prêts pour le «sexercice» suivant. Nous nous couchons tête-bêche sur le côté gauche et levons la jambe droite. Dans cette position, Charles a une vue directe sur mon sexe qui s'ouvre chaque fois que je lève la jambe. Et je peux voir ses testicules et son pénis bouger à mesure que ses muscles se tendent. J'aime la façon dont ses petites balles se soulèvent à chaque mouvement de sa jambe.

Ce que nous voulons, c'est que les spectateurs s'excitent à nous regarder jusqu'au moment où ils ont envie de s'exciter mutuellement. Ici encore, la caméra fait un gros plan de ce que chacun de nous voit. D'abord mon sexe, que le spectateur peut voir s'ouvrir puis se fermer à chacun de mes mouvements de jambe, puis le pénis de Charles qui, habituellement, commence à durcir à ce moment-là.

Nous faisons comme ça vingt mouvements de chaque côté avant de nous lever et de nous mettre dos à dos. C'est un très bon exercice pour raffermir les hanches et les cuisses. D'abord, nous nous asseyons dos à dos et poussons l'un contre l'autre. Sentir se contracter les puissants muscles dorsaux de Charles m'excite toujours terriblement. Puis nous nous prenons par les bras et nous nous levons en poussant avec notre dos sur le dos de l'autre tout en faisant des petits pas vers l'arrière. Quand nous sommes debout, nos derrières sont collés et je peux sentir les fesses fermes de Charles contre les miennes. Nous faisons cela dix fois.

Nous sommes alors prêts pour mon exercice préféré. Celui-là nécessite à la fois synchronisation et coordination, mais il vaut le coup. Charles se couche sur le dos, les mains bloquées derrière la tête, et fait des abdominaux. Je place un pied de chaque côté de son torse, mon derrière face à son visage. Mes chevilles enserrent sa taille. Nous synchronisons nos mouvement de telle façon que quand je me baisse pour agripper mes chevilles, Charles se retrouve assis, le visage sur mon sexe. Il me déguste un instant pendant que, penchée en avant, je regarde entre mes jambes son pénis durci. Puis je me redresse et me penche à nouveau. Nous répétons ce mouvement trente fois.

Un autre très bon «sexercice» combine extension des jambes et *push-up*. Je me couche sur le dos, les jambes ouvertes en forme de V. Puis, sans plier les genoux, je lève lentement les jambes en l'air. Pendant ce temps, Charles fait des *push-up* entre mes cuisses. Au moment où il arrive en bas, mes jambes sont en l'air et grandes ouvertes, et son visage est à quelques centimètres de ma vulve béante. La caméra doit alors s'approcher pour montrer ce que Charles voit au cours de chacun de mes mouvements. Je ne connais pas un homme normalement constitué qui tenterait de sauter sa séance de *push-up* s'il pouvait les faire de cette façon.

Après dix mouvements comme celui-là, l'exercice devient encore plus stimulant. Charles se met au-dessus de moi puis fléchit ses bras jusqu'à ce que son sexe soit profondément enfoncé en moi. Ici encore, la caméra montre dans le détail notre relation sexuelle. Charles continue ses mouvements pendant que je garde les jambes en l'air, les ouvrant, puis les serrant autour de sa taille. Beaucoup d'hommes seraient au bord de l'orgasme dans cette position, mais l'effort physique peut les aider à se retenir. On pourrait appeler ça un exercice de contrôle.

Nous avons aussi développé une version assez spéciale de flexions de genoux pour les femmes qui veulent raffermir les muscles de leurs cuisses et de leurs hanches. Charles se couche sur le dos et arque son corps de façon que tout son poids soit réparti entre ses chevilles et sa nuque. Je lui fais face, m'accroupis sur son pénis et m'y empale lentement. Puis, en n'utilisant que les muscles de mes cuisses, je me relève jusqu'à ce que seul son gland soit encore en moi. Je décris un petit cercle avec les hanches puis recommence à descendre jusqu'à me trouver pratiquement assise sur lui.

Charles adore cet exercice parce que je m'ouvre tout grand et que ça lui permet d'observer chaque détail de la pénétration. La caméra zoome sur nos sexes fusionnant. Ce qui est extraordinaire avec cet exercice, c'est que la sensation que j'éprouve me pousse toujours à faire deux ou trois mouvements supplémentaires en plus des vingt qui sont prévus au départ. La première fois que je l'ai fait, j'ai vraiment souffert le lendemain. Mais tu connais l'expression: on n'a rien sans rien.

Un autre de nos «sexercices» est tiré d'une position de yoga. Il étire presque tous les muscles du corps. Je me couche d'abord sur le dos, puis je jette mon corps vers le haut en prenant appui sur ma nuque, mes épaules et mes coudes. Les jambes levées vers le plafond, je me mets dans la position du cycliste et je pédale. Cet exercice terminé, je descends mes genoux de chaque côté de ma tête. Cette position ouvre mes fesses et ma vulve au maximum. Pour Charles, c'est le bouquet final.

Il se tient debout, les genoux pliés, faisant porter tout son poids sur ses mollets et ses cuisses. Une fois arrivé au niveau de mon ouverture, il me pénètre et oscille d'avant en arrière tout en laissant son dos parfaitement droit. La caméra peut donner un excellente vision de ses fesses serrées dont les muscles se contractent. C'est aussi une excellente occasion de donner une prime au spectateur en faisant un très gros plan sur le mouvement du gros pénis de Charles au moment où celui-ci glisse en moi. Idéalement, il faudrait faire vingt de ces mouvements, mais je parie que beaucoup de gens jouiront avant. C'est ce qui nous arrive généralement.

Si un jour nous faisons une cassette comme celle-là, je parie qu'elle fera un malheur. Nous ne la ferons probablement jamais mais ça n'a pas réellement d'importance. Le seul fait de fantasmer à ce sujet nous a déjà rapporté beaucoup.

10

On nous regarde

Le désir de montrer ses parties génitales est connu sous le nom d'exhibitionnisme. Porté à l'extrême, les psychiatres pensent qu'il s'agit là d'une maladie mentale et les tribunaux considèrent cette activité comme un délit. Les gens qui enlèvent leurs vêtements en public peuvent être accusés d'attentat à la pudeur ou d'avoir troublé l'ordre public.

Les femmes ne sont jamais poursuivies pour ce type de délit. Peut-être parce que, jusqu'à récemment, nos lois étaient pour la plupart faites et mises en application par des hommes. La majorité des hommes — policiers et magistrats compris — aiment regarder le corps des femmes. C'est pour cette raison qu'il doit leur paraître déraisonnable d'enfermer des femmes sous prétexte qu'elles se sont déshabillées en public. Pour en revenir aux hommes, un étude récente démontre que, sur neuf personnes qui font de la prison pour délit sexuel, une a été condamnée pour exhibitionnisme. Un livre publié par l'Université de Stanford note avec ironie que si un homme regarde par une fenêtre une femme se déshabiller, il est accusé de voyeurisme, mais que si les rôles sont inversés, l'homme est alors taxé d'exhibitionnisme.

La plupart des gens qui étudient le comportement humain s'accordent pour dire que les sensations associées à l'exhibitionnisme commencent dès l'enfance. Les enfants découvrent et manipulent leurs parties génitales avant d'avoir six ans, parfois même dès leur troisième année. Dès qu'ils commencent à se caresser, il n'est pas rare qu'ils éprouvent le besoin de faire partager aux autres leur découverte. L'exhibitionnisme est, après la masturbation, le plus répandu des jeux sexuels enfantins.

Alors que notre société procure aux adultes peu d'occasions d'afficher leur nudité, notre exhibitionnisme devient plus subtil à mesure que nous vieillissons. La plupart du temps, nous cédons à notre désir de montrer nos organes sexuels en portant des vêtements qui en laissent deviner les formes sans toutefois les révéler vraiment. Chemises déboutonnées, blouses transparentes, shorts très courts, pantalons et jeans collants servent à mettre en valeur ces formes que nous considérons comme érotiques — la poitrine, les seins, les fesses, le sexe.

La satisfaction qu'apporte ce genre de démonstration étant quelque peu limitée, il est facile de comprendre pourquoi tant de couples curieux réservent à l'exhibitionnisme une place importante dans leurs fantasmes. Pour certains, les scénarios restent complètement imaginaires. Ils se contentent de s'inventer un public qui les regarde pendant leurs jeux érotiques. D'autres fondent leurs fantasmes sur des événements qu'ils ont vécus. Ils amplifient et ajoutent des détails à des incidents au cours desquels ils ont été, ou auraient pu être, observés nus ou en train de faire l'amour.

Dans un certain sens, l'exhibitionnisme était présent chaque fois que nous interrogions un couple au sujet de leur fantasme préféré. Même ceux dont les fantasmes sont décrits dans les autres chapitres pratiquent un forme d'exhibitionnisme quand ils décrivent leurs activités sexuelles. En acceptant d'en parler, ils font de nous, et de vous, les témoins de leurs comportements érotiques.

MARILYNE ET JOHNNY

Iris:

Marilyne et Johnny ont à peine trente ans et vivent ensemble depuis huit ans. «Nous nous marierons probablement un jour, concède Marilyne, mais nous n'en sommes pas encore là.» Johnny est responsable des achats pour une grande chaîne de supermarchés. Marilyne tient un salon de coiffure et de manucure où travaillent neuf employés. Elle coiffait autrefois, mais passe maintenant tout son temps à superviser le travail de ses employés et à gérer son salon.

Je fréquente le salon de Marilyne depuis plusieurs années et nous avons souvent eu de franches discussions touchant au sexe. Elle sait que Steve et moi écrivons des livres sur le sujet et elle me taquine souvent en m'appelant «Super-sexuelle Iris». Au cours d'une de nos conversations, Marilyne m'a avoué qu'elle et Johnny aimaient mettre en scène quelques fantasmes dans leur lit. J'ai vu à sa façon de me regarder qu'elle attendait de moi que je lui demande des précisions. Je l'ai fait et elle m'a alors répondu: «Nous parlons de certaines choses en faisant l'amour.»

Je pense lui avoir répondu que je fais la même chose et ni elle ni moi n'avons poussé plus loin la discussion. Quelques mois plus tard, cependant, j'ai parlé à Marilyne du livre que nous écrivons et je lui ai demandé si elle et Johnny pouvaient nous parler de leurs jeux. Marilyne a sauté sur l'occasion. «On adorerait ça, a-t-elle répondu.

— Ne penses-tu pas que tu devrais d'abord en parler à Johnny?» lui ai-je demandé en riant.

Mais Marilyne s'est contentée de cligner de l'œil et de m'adresser un sourire malicieux. «Aie confiance. Il va adorer.» Nous avons pris rendez-vous pour le soir même.

C'est Marilyne qui a parlé pendant toute l'entrevue. En fait, Johnny ne nous avait jamais rencontrés, alors que Marilyne me connaissait et avait vu Steve à plusieurs reprises. Mais Steve et moi avons eu l'impression que c'est surtout Marilyne qui entretient la conversation... même au lit!

****

En général, on ne fait pas ça avant d'être au lit, nus, et avant d'avoir flirté pendant un bon moment. Il me suffit alors de dire: «Il nous regarde», pour sentir immédiatement le pénis de Johnny s'emballer. Il aime que je lui parle de notre public imaginaire.

Je ne me souviens pas comment ça a commencé, mais il me semble qu'on s'est toujours envoyés en l'air en imaginant qu'on fait l'amour devant un homme qui se trouve dans la chambre et nous observe. Pas quelqu'un que nous connaissons. Simplement un homme, qui ne dit rien. Il se tient là, jouant avec son sexe tout en nous regardant.

Nous commençons lentement, en nous caressant, en nous léchant. Johnny aime vraiment jouer avec mes seins. Et j'aime ça aussi. Pendant qu'il le fait, je lui parle de l'homme. Je lui dis: «Ce que tu me fais là, il n'en croit pas ses yeux.» Ou encore: «Il fixe mes seins.»

Puis, tandis que nous continuons à nous caresser, je lui dis: «Il te regarde mettre ton doigt dans ma chatte.»

C'est amusant. Johnny est très jaloux. Quand nous sommes ensemble, le seul fait qu'un autre homme me regarde suffit à le mettre en colère. Parfois, je lui demande de me montrer à l'autre homme, et il le fait. Je lui dis: «Soulève mes seins pour qu'il puisse les voir.» Alors, Johnny les prend dans le creux de ses mains et les soulève. Ou alors, je dis: «Ouvre ma chatte qu'il puisse regarder dedans.» Et Johnny obéit. Quand Johnny me caresse du bout des doigts, je ferme les yeux et j'imagine vraiment que cet homme étrange nous voit réellement et qu'il se masturbe.

Quand je dis ça à Johnny, il me demande de lui décrire la queue du gars. On voit beaucoup de films porno, alors j'en ai vu pas mal. Je ferme les yeux et j'essaie d'imaginer l'une de celles que j'ai vues. Puis, quand j'ai l'image exacte à l'esprit, je la lui décris. C'est mieux si elle est différente à chaque fois. Parfois, elle est longue et grosse, avec un bout pourpre et palpitant. D'autres fois, elle est courbée, ou droite. Il arrive que je décrive le liquide blanc qui goutte à l'extrémité du pénis.

Quand on en arrive là, on est généralement prêts à faire l'amour. Pendant que Johnny me pénètre, je lui raconte comment le gars se masturbe. «Il se serre le pénis maintenant. Très étroitement. Il adore la façon dont tu me baises.»

Au bout d'un moment, je suis si excitée que j'en oublie notre fantasme. Tout ce que j'arrive à faire, c'est à me concentrer sur mon orgasme et sur celui de Johnny.

DIANE ET SAM

Iris:

Mon amie Diane et moi avons grandi dans la même rue, à Manhattan. Elle avait quatre ans de plus que moi et elle était mon idole. Lorsqu'elle était adolescente, déjà, tous ceux qui la connaissaient voyaient en elle une beauté exceptionnelle. Elle avait de longs cheveux noirs, des yeux bleus pétillants, un visage de vedette de cinéma et elle était encore plus sexy que Marilyn Monroe. Sa voix, légèrement éraillée, était chargée de sensualité. Ses mouvements avaient quelque chose de fluide et d'érotique. Et elle savait des choses auxquelles je n'avais même pas commencé à rêver.

Diane s'est mariée alors que je n'étais qu'une petite fille de quatorze ans très impressionnable. Comme ma mère répugnait à me parler des choses du sexe, Diane est devenue mon professeur. Elle me disait que rien de tout ce qui touche au sexe n'est sale, et insistait sur la merveilleuse expérience que cela pouvait devenir. J'ai toujours été reconnaissante à Diane de m'avoir communiqué une attitude saine à ce sujet.

Quand Steve et moi avons publié notre premier roman érotique, Diane a été la première à nous féliciter pour notre travail. Après cela, elle parlait fièrement de moi comme de sa protégée. Aussi, lorsque je lui ai parlé du livre que nous préparons sur les fantasmes de couples, elle a insisté pour y apporter sa contribution. Nous avons bavardé, en buvant du café, de tous les fantasmes qui permettent à son mariage avec Sam de rester jeune et piquant depuis près de trente ans. Nous avons décidé d'intégrer le fantasme suivant à notre ouvrage parce que Diane me l'a présenté comme son préféré...

****

Le travail de Sam nous amène à quitter la ville fréquemment et il n'y alors rien que j'aime autant que d'aller à l'hôtel. C'est probablement parce que, quand nous nous sommes connus, Sam et moi, nous avons passé un tas de nuits à faire l'amour dans des chambres d'hôtel. Aujourd'hui encore, je mouille chaque fois que nous arrivons à la réception d'un hôtel ou d'un motel.

Habituellement, quand Sam et moi passons une nuit à l'hôtel, nous fantasmons à l'idée que les gens des chambres voisines nous voient sans que nous puissions les voir en retour: tous les miroirs de notre chambre sont sans tain, les murs et le plafond dotés de trous; les gens qui nous regardent sont venus dans cet hôtel pour y faire l'amour, comme nous le faisions avant d'être mariés, et ils ont découvert accidentellement le trou dans le mur.

Au moment où nous entrons dans la chambre, nous savons que nous sommes observés. J'entame immédiatement la démonstration. Avant même de ranger mes valises, je commence le spectacle pour mon public invisible. Je me mets en combinaison et me promène dans toute la chambre pendant un moment. J'adore cette sensation que me procure l'idée de tous ces yeux imaginaires posés sur moi.

Sam sait très bien à quel moment commence le spectacle. Il me regarde un moment, puis m'enlève ma combinaison. Parfois, nous restons debout au milieu de la chambre. Il met ses mains sur mes épaules et me fait tourner afin que chacun puisse me voir, en soutien-gorge et en culotte. Je porte toujours des sous-vêtements très sexy quand je voyage.

Je lui parle de nos spectateurs pendant que nous rangeons nos vêtements. «Penses-tu que j'ai l'air bien? Qu'ils aimeront mon corps?»

Sam n'y va pas par quatre chemins: «Comment pourraient-ils faire autrement?»

Il m'amène près du miroir, passe derrière moi et dégrafe mon soutien-gorge. J'aime me regarder dans la glace alors qu'il le fait glisser, découvrant mes seins qu'il prend immédiatement dans ses mains. Ça m'excite toujours un peu de contempler mes propres seins, mais quand je pense à tous ces yeux cachés derrière le miroir, ça m'excite encore plus. J'adore regarder mes mamelons se durcir avant de les montrer à notre public. Je fais balancer mon pelvis et frotte mes fesses sur le pantalon de Sam afin de sentir son érection. Je me retourne, défais sa ceinture et regarde son reflet dans le miroir au moment où son pantalon tombe à ses pieds. Tu sais, Sam ne porte jamais de sous-vêtements, alors son pénis jaillit aussitôt que son pantalon est baissé. J'aime imaginer que beaucoup de femmes le regardent tout en étant la seule qui puisse le posséder.

Parfois, je le prends dans ma bouche. Il dit que je suis une merveilleuse suceuse, et je veux que tous les gens qui nous regardent voient ce que je suis en train de faire. J'aime me mettre à genoux et le sucer quand il est debout. Mais ce que je préfère, c'est quand il grogne de plaisir, parce que je sais que c'est très agréable pour notre public. Je peux presque entendre leurs soupirs.

Après un moment, je me couche sur le lit et laisse Sam enlever ma culotte. À ce moment-là, je suis généralement si mouillée que la partie du tissu qui recouvre mon sexe reste collée. Cette seconde où ma culotte reste accrochée à ma vulve est délicieuse. Puis je suis nue. Je sens ma chatte s'ouvrir tout grand grâce à l'attention que me prêtent tous ces gens collés à leur trou. Quand je regarde au plafond, je peux imaginer que le couple dans la chambre du dessus a une vue plongeante sur mon clitoris. Il enfle tellement que je peux le sentir écarter mes lèvres.

Sam commence à me lécher, promenant sa langue le long de ma fente, l'y enfonçant, puis en en sortant pour caresser l'extérieur. Sa langue devient longue et dure comme un pénis et il me baise avec pendant que je tiens mon sexe grand ouvert pour que tout le monde puisse voir. Je me sens si vulnérable ainsi couchée sur le dos, jambes grandes ouvertes, alors qu'ils regardent Sam me manger. Je sens que l'orgasme est imminent.

La plupart du temps, je sors du lit avant de jouir. Je me tiens debout face à la coiffeuse, plongeant mon regard dans le miroir et tentant d'imaginer à quoi ressemblent les gens qui se trouvent de l'autre côté. Je penche mon corps en avant, avançant ma poitrine dans leur direction. Puis, afin que tout le monde puisse entendre, j'interpelle Sam à haute voix et lui demande de me pénétrer. Je commence alors à geindre et à gémir. Comme ça, tout le monde sait à quel point c'est bon pour moi.

Tous les regards sont sur nous tandis que nous baisons violemment. Je suis si excitée que je jouis presque immédiatement et Sam me suit à la seconde près. Aussi fort que soit l'orgasme, nous n'oublions jamais notre public.

RAPHAËL ET CLAUDIA

Steve:

Raphaël fait partie de ces rares mécaniciens capables de réparer un moteur de voiture en un tournemain. D'aussi loin que je me souvienne, il s'est toujours occupé de nos voitures. Il y a quelques années, Raphaël m'a dit que lui et sa femme, Suzanne, voulaient se séparer et il m'a demandé si je pouvais lui donner quelques conseils d'ordre légal. Je lui ai dit que je ne pratiquais plus le droit, mais je lui ai malgré tout proposé d'écouter son histoire.

Raphaël a commencé par qualifier son mariage avec Suzanne de «désastre sexuel», ajoutant que c'était comme ça depuis le début. Il m'a révélé que deux semaines après leur mariage Suzanne et lui n'avaient toujours pas eu de relations sexuelles et que, même après ça, cela n'avait jamais été satisfaisant ni pour l'un, ni pour l'autre. Le problème venait selon lui de ce que Suzanne n'avait pas «une vision très saine du sexe». Il m'a confié par exemple que jamais, depuis leur mariage, ils n'avaient eu de relations sexuelles orales. Elle pensait que la position du missionnaire — qu'elle appelait la «position normale» — était la seule façon de faire l'amour qui ne soit pas dégoûtante. Et la plupart du temps, elle n'avait de toute façon pas envie de faire l'amour. Elle ne le laissait jamais entrer dans la salle de bain quand elle était sous la douche et il ne se souvenait pas de l'avoir vue nue.

Raphaël m'a avoué qu'il avait une aventure avec Claudia, une secrétaire qui lui avait été envoyée par une agence de placement à temps partiel. Il m'a dit avoir trouvé le bonheur sexuel auprès d'elle. En fait, il voulait divorcer pour se remarier avec Claudia. Je lui ai donné quelques tuyaux concernant les lois sur le divorce et lui ai recommandé un avocat.

Dans les mois qui ont suivi, j'ai appris que Suzanne se montrait peu coopérative. Elle était amère et résistait aux tentatives que faisait Raphaël pour se libérer d'elle. Trois années plus tard, il a fini par obtenir son divorce. Le lendemain, il épousait Claudia.

J'ai récemment parlé à Raphaël du livre qu'Iris et moi préparons sur les fantasmes sexuels. «Vous devriez parler du nôtre, à Claudia et à moi. Parfois, je pense que c'est la seule chose qui nous a permis de ne pas commettre un meurtre...»

****

Quand j'essayais d'obtenir mon divorce, Suzanne me rendait la vie si dure que j'aurais voulu la tuer. Mon avocat m'assurait qu'elle ne pourrait pas m'empêcher de divorcer, mais qu'elle pouvait tout faire pour retarder le jugement. C'est ce qu'elle a fait. Elle m'a mis des bâtons dans les roues à chacune des étapes de la procédure. Quand j'ai dit que je voulais garder la maison, elle s'est mise à la vouloir aussi. Puis, quand j'ai offert de la lui donner, elle a dit qu'elle n'aurait pas les moyens de l'entretenir. Finalement, nous avons dû la vendre et partager l'argent.

Chaque jour, Claudia travaillait comme secrétaire intérimaire pour une compagnie différente. Mais Suzanne parvenait toujours à savoir où elle se trouvait et l'appelait pour lui dire des choses horribles. Il lui est même arrivé de calomnier Claudia auprès de la personne qui l'employait. La plupart du temps, le patron ne comprenait pas ce qui se passait et ne donnait pas suite, mais Claudia a perdu un ou deux boulots à cause de cela.

Claudia et moi avons passé beaucoup de temps à parler des choses que nous aimerions faire à Suzanne. Jamais sérieusement, bien entendu. Mais nous avons élaboré des plans: nous engagions un tueur de la mafia pour la supprimer, ou nous lâchions une bombe sur sa maison, etc. Puis, une nuit, Claudia a eu une idée brillante. «Ce que nous devrions faire, a-t-elle dit, c'est forcer Suzanne à voir quel bon temps on se paie quand nous faisons l'amour. On devrait lui montrer quelque chose qui l'horrifierait vraiment. On devrait lui montrer ton pénis en train de rentrer dans mon cul.»

Je n'ai jamais oublié cette nuit. Faire l'amour avec Claudia a toujours été formidable, mais, cette nuit-là, nous avons atteint des sommets.

D'abord, nous avons parlé de Suzanne, que nous imaginions attachée à une chaise dans un coin de la chambre. Puis Claudia a enlevé tout ce qu'elle portait, ne gardant que sa culotte, et elle s'est mise à quatre pattes sur le lit. Elle s'est penchée en avant jusqu'à ce que ses épaules touchent le lit et a cambré son derrière le plus haut possible. Elle a alors dit: «Par ici, Suzanne! Regarde comment Raphaël ôte ma culotte.»

Au début, je me suis senti un peu stupide de jouer à faire semblant. Mais, à mesure que je baissais la culotte de Claudia, l'excitation montait et je finissais par ne plus me sentir idiot. Sa culotte était rose et soyeuse, du genre qui parvient difficilement à cacher quoi que ce soit. Je l'ai tirée doucement, dévoilant son cul blanc et doux. À ce moment-là, je pouvais quasiment visualiser Suzanne qui nous regardait, et je commençais à me prendre au jeu.

J'ai mis la culotte sous mon nez et l'ai humée en prenant de profondes respirations. Je savais que ça gênerait Suzanne à l'extrême et cette seule pensée m'excitait beaucoup. Claudia commençait à s'échauffer elle aussi. J'ai dit: «Oh! Suzanne! la culotte de Claudia est toute mouillée du jus de sa chatte. Elle sent si bon; les tiennes n'ont jamais eu cette odeur.»

En m'entendant, Claudia a poussé un long soupir. Nous avons tous deux imaginé Suzanne assise là à nous regarder, une expression outrée sur son visage déformé par la rage et l'humiliation. À partir de ce moment-là, nous avons fait tout ce qui pouvait choquer Suzanne.

J'ai embrassé les fesses de Claudia, puis je les ai écartées afin d'en dévoiler le sillon. Je n'avais jamais fait une chose pareille jusque-là, mais l'idée de choquer Suzanne rendait la chose facile. J'ai commencé à lécher l'anus de

Claudia. J'étais surpris que ce soit si agréable. Je pense que Claudia l'était aussi puisque j'ai entendu un gémissement aux premières caresses.

Une minute plus tard, elle est entrée dans le vif du sujet. «Oh! C'est bon! Je parie qu'il ne t'a jamais rien fait de tel, Suzanne. Sais-tu pourquoi il me lèche à cet endroit? Il me mouille partout pour pouvoir me rentrer dans le cul. Je parie qu'on ne t'a jamais pénétrée comme ça.»

Je n'avais vraiment pas prévu de faire ça, mais je me suis laissé porter par l'idée du spectacle. Alors, je me suis mis à genoux derrière Claudia et j'ai pressé le bout de mon pénis contre le petit trou, entre ses fesses. Je continue de croire que je ne pensais pas aller jusque-là. Mais j'ai senti son anus s'ouvrir, et mon pénis s'est lentement frayé un chemin.

Le corps de Claudia bougeait d'avant en arrière. Chaque fois qu'elle lançait son corps vers l'arrière, elle pressait son cul contre mon pénis, me forçant à m'enfoncer plus profondément encore. Soudain, j'ai réalisé que j'étais entré dans son ventre. Les gémissements de Claudia me rendaient fou et, pendant un moment, Suzanne m'est complètement sortie de l'esprit. Mais Claudia a crié: «Tu vois ça, salope? Il me sodomise. Et j'aime ça.»

On s'est jetés l'un sur l'autre comme des bêtes, soufflant et pantelant à mesure que je m'enfonçais plus profondément. Parfois, je serais prêt à jurer que Suzanne était assise là, l'air horrifié. C'était si bon que je me suis cru au paradis.

«Plus vite. Plus fort, gémissait Claudia. Oh! Raphaël! C'est merveilleux.»

Je me suis senti exploser, mais je ne voulais pas que ça finisse. Alors, j'ai cessé de bouger pendant une minute, ne laissant que la moitié de mon pénis engagé. J'ai passé ma main sous son ventre et j'ai commencé à la caresser très légèrement. Sachant que ça l'exciterait plus encore, j'ai dit: «Hé, Suzanne! Peux-tu me voir toucher le doux sexe de Claudia? Son clitoris est dur comme un caillou et si gros que je peux le sentir vibrer. Je pense que toi tu n'en avais même pas.»

Claudia s'est mise à produire des sons que je n'avais jamais entendus jusqu'alors. Et j'ai senti un liquide chaud couler de son sexe. J'ai levé la main en disant: «Regarde ce jus, Suzanne, il est si doux.» J'ai léché mes doigts bruyamment, en produisant des bruits de succion pour que Claudia puisse entendre. Je pouvais imaginer l'air offensé de Suzanne alors que je frottais mes doigts humides sur la partie dégagée de mon pénis. La pensée que Suzanne m'observait m'a donné un nouvel élan et j'ai recommencé à pousser. Je me suis enfoncé à nouveau dans le cul de Claudia tandis que ma main repartait à la recherche de son clitoris.

«Oh! mon Dieu! a-t-elle gémi, je vais jouir de suite. Jouis avec moi, Raphaël. Jouis, que Suzanne puisse nous voir jouir ensemble.

— Oui, ai-je crié. Ça y est. Je jouis maintenant.»

C'est tout ce qu'il fallait pour que Claudia jouisse aussi. Son anus s'est resserré autour de mon pénis et ses contractions ont commencé. Je savais qu'elle avait un orgasme avant même qu'elle me l'ait dit. «Moi aussi. Je jouis avec toi.»

Cet orgasme nous a paru durer une éternité. Quand ça s'est arrêté, nous sommes restés comme ça un bon moment. Je pense que nous avons recommencé trois fois dans la même nuit.

Dans un certain sens, cette nuit a changé notre vie sexuelle. Aujourd'hui encore, nous savons comment nous allumer l'un l'autre. Nous ne le faisons pas toujours de cette façon, mais quand nous voulons une nuit particulière, nous attachons Suzanne sur cette chaise et l'obligeons à regarder pendant que je prends Claudia par derrière. Il suffit à l'un de nous de prononcer le nom de Suzanne, quand nous nous téléphonons ou dans toute autre situation, pour que l'autre soit littéralement en feu pour le reste de la journée. Parce que nous savons que cette nuit-là va ressembler à la première.

Je ne hais plus Suzanne. Pourquoi le ferais-je? Elle a contribué à quelques-unes des meilleures parties de sexe que j'ai jamais vécues. Même si elle l'ignore.

11

Éclairage, caméra, action!

Certains individus assurent qu'ils peuvent deviner l'âge d'un homme à la façon dont il réagit à la vue de sous-vêtements féminins. Ces hommes, disent-ils, font partie de ces générations d'adolescents qui ont découvert les plaisirs de la masturbation en feuilletant les pages de lingerie féminine des catalogues de livraison à domicile. Ils ajoutent enfin que, jusqu'en 1957, c'étaient là les images les plus érotiques que l'on pouvait voir légalement aux États-Unis.

Chaque État possédait en effet des lois qui interdisaient formellement la publication de photographies où étaient exposés des corps nus. Puis survint l'affaire Roth qui obligea la Cour suprême des États-Unis à chambouler tous ces règlements. Roth était accusé d'avoir contrevenu à une loi de l'État interdisant la vente de matériel obscène. Il fit appel et porta l'affaire devant la Cour suprême, arguant que, si l'on se référait au premier amendement de la Constitution, cette loi bafouait ses droits à la liberté d'expression.

La Cour suprême décida alors que ce matériel ne pouvait être qualifié d'obscène simplement parce qu'il montrait des corps nus ou parce qu'on pouvait y lire la description de relations sexuelles. La Cour définit l'obscénité de telle manière que la vente de livres et de films qui, jusque-là, n'auraient pu être obtenus ou produits que clandestinement, se voyait désormais autorisée. Selon cette nouvelle définition, rien n'était obscène pour autant que l'on n'encourageât pas les comportements sexuels contre nature, que les standards modernes de la vie en communauté ne soient pas bafoués, et que les rapports sexuels ne soient pas totalement dépourvus de valeurs sociales.

C'est cette dernière condition qui a ouvert la porte à la pornographie légale. Pratiquement tout ce qui possédait une certaine valeur sociale pouvait être dit ou écrit. Comme le faisait remarquer l'un de nos éditeurs à l'époque où nous écrivions des romans érotiques: «Aussi longtemps que l'un de vos protagonistes conseille au lecteur d'investir dans des obligations du gouvernement, vous pouvez remplir vos livres de toutes les scènes de baise possibles et imaginables.»

Peu après l'affaire Roth, certains producteurs de films ont pris conscience du fait qu'ils pouvaient montrer presque tout ce qu'ils voulaient sans risquer de poursuites. Les cinémas se sont mis à présenter des films comme *Je suis curieuse* ou *Gorge profonde*. Les progrès technologiques aidant, chaque foyer de la classe moyenne américaine peut aujourd'hui accéder à des films pornographiques enregistrés sur cassettes vidéo.

En 1973, la Cour suprême est revenue sur cette définition, qu'elle jugeait trop permissive. Dans la cause *Miller contre l'État de Californie*, la justice a décrété qu'une œuvre peut être jugée obscène lorsque, dans son ensemble, elle a trop peu de valeur littéraire, artistique, politique ou scientifique. Naturellement, ce changement n'a pas beaucoup affecté l'accès à la documentation érotique, écrite ou visuelle.

De nos jours, les cassettes vidéo pornographiques peuvent être louées ou achetées dans n'importe quelle ville nord-américaine. Et cette forme d'érotisme fait désormais partie intégrante de la vie sexuelle de beaucoup de couples. Certains se contentent de regarder ensemble des films pornos jusqu'à ce que leur désir en arrive au degré souhaité. D'autres introduisent la pornographie dans leurs fantasmes communs, imaginant qu'ils ont des relations sexuelles avec l'un des personnages du film. Il en est même un petit nombre qui, à l'aide d'une caméra vidéo, produisent leur propre film pornographique afin que leurs fantasmes deviennent réalité.

SHIRLEY ET FRED

Iris:

Shirley et Fred tiennent un magasin de location de cassettes vidéo où Steve et moi louons souvent des films. C'est un couple tranquille, dans le milieu de la cinquantaine. Shirley a l'air plutôt austère avec ses cheveux gris roulés en chignon. Fred prend de la bedaine et arbore un sourire doux et paternel.

Ils ont l'air si conservateurs que, lorsque nous voulions louer des films porno, Steve et moi allions dans un autre magasin. Un jour, cependant, j'ai vu sur leur comptoir un album noir à feuilles détachables et j'ai demandé à Shirley ce dont il s'agissait. Elle a regardé prudemment autour d'elle avant de murmurer: «C'est notre liste de films pour adultes. Nous ne les gardons pas sur les étagères à cause des enfants, mais nous en avons un sacrée collection.»

Surprise, j'ai commencé à feuilleter le livre. Il m'est alors apparu qu'ils possédaient la collection de films pornos la plus importante que j'aie jamais vue. Nous avons donc commencé à louer ces films chez eux. Au début, nous étions plutôt embarrassés, mais l'attitude de Shirley était si naturelle que notre gêne s'est vite dissipée.

Sachant que Steve est professeur de droit, Fred lui a demandé un jour si le fait de louer des films pornographiques pouvait lui causer le moindre problème légal. Comme cet aspect de la loi est l'un de ceux que Steve préfère, il leur a donné à tous deux une leçon de dix minutes sur les lois constitutionnelles et les règlements concernant l'obscénité. À partir de ce moment, ils nous ont traités comme des amis.

Shirley s'est mise à me faire une courte critique de chacun des films pornographiques que nous voulions louer. Il semblait évident qu'elle et Fred les avaient tous vus une ou plusieurs fois. Elle parlait de ces films franchement, avec une sincérité qui détonnait dans son apparence conservatrice.

Un jour, elle m'a avoué sans détour qu'elle et Fred se livraient à des jeux sexuels tout en regardant des films pornos. J'ai essayé de dissimuler ma curiosité, mais je n'y suis pas parvenue. «Vraiment? me suis-je exclamée. Quel genre de jeux?»

La réponse de Shirley m'a ramené à l'esprit cette leçon cent fois apprise, mais que j'ai tendance à oublier dès qu'il s'agit de sexe: ne jamais se fier aux apparences.

****

Fred et moi nous sommes rencontrés à l'église. Nous avons toujours été actifs au sein de notre paroisse. Mais ça ne veut pas dire que notre vie sexuelle n'est pas excitante. Nous sommes tous deux persuadés que Dieu a fait le sexe en harmonie avec le reste de l'univers, et que toutes ses créations sont merveilleuses. Fred et moi sommes mariés depuis plus de trente ans et nous continuons à faire l'amour de trois à quatre fois par semaine.

Chaque fois que nous recevons un nouveau film, nous l'amenons à la maison pour le regarder, qu'il soit pour adultes ou non. Si on regarde un de ces films et qu'on le trouve bon, il est rare que nous arrivions jusqu'à la fin sans faire l'amour. Fred adore commenter en regardant. Je dis alors qu'il est cochon. Il me montre les scènes qu'il aime, me dit comment il les améliorerait s'il était le réalisateur. J'ai toujours pensé que Fred avait raté sa vocation. Il a une imagination érotique si développée qu'il aurait aisément pu faire carrière dans l'industrie du porno. Je plaisante, bien sûr, mais vous seriez surprise si vous connaissiez ses idées.

Ce que je préfère, c'est quand il me met dans le film. Je veux dire que, parfois, quand quelque chose de vraiment excitant arrive à l'une des filles à l'écran, il parle d'elle comme si j'étais à sa place. Si une jolie petite blonde a un rapport anal avec un gars monté comme un âne, Fred dira un truc du genre: «Est-ce que tu sens cette énorme chose qui te pénètre? Est-ce que c'est bon?»

Dès qu'il y a un gros plan sur le pénis d'un homme, Fred me dit de bien le regarder parce qu'il sera en moi dans la minute qui suit. Alors, il décrit comment il me pénètre. Fred est le seul homme que j'aie jamais connu, et le seul avec qui j'aie vraiment envie de coucher. Mais ça m'excite toujours quand il m'accouple avec un jeune mâle à l'écran.

Ces paroles rendent la chose si réelle que je fixe la télévision comme si j'étais dans un état second, comme si je me voyais vraiment en train de faire l'amour avec l'un des acteurs du film. Fred me touche rarement avant d'avoir fini sa description cochonne. Il se contente de stimuler mon imagination et me laisse rêver que je fais ça avec un jeune homme bien bandé. L'effet est parfois tel que je sens ma petite culotte se mouiller. Je le dis à Fred; ça me retourne complètement. Je pense que si je le laissais continuer, je pourrais avoir un orgasme sans même qu'il me touche. Mais j'ai envie de le sentir en moi et je lui demande de me faire l'amour.

Je suis persuadée que faire l'amour avec n'importe laquelle de ces vedettes du porno ne me comblerait pas autant que de le faire avec Fred. Mais ça ne m'empêche pas de trouver ces rêveries très agréables.

BORIS ET ANNE

Steve:

J'ai donné pendant quelques années un cours intitulé «Loi et société» dans une université du sud de la Californie. Ce cours avait pour but principal de traiter de la façon dont les droits individuels sont protégés par la Constitution des États-Unis. L'un des thèmes qui stimule le plus la curiosité des étudiants concerne la législation sur la pornographie. Quelques-uns d'entre eux s'entendaient pour dire qu'elle était trop permissive et qu'elle encourageait un relâchement de la moralité. D'autres ne la trouvaient pas assez protectrice, arguant du fait que chaque obstacle à la liberté d'expression ouvre une voie royale au fascisme. Le sujet ne laissait personne indifférent. Il parvenait même à enflammer ceux qui, habituellement, ne participaient pas du tout aux débats.

Boris, un militaire de carrière de mon âge, ne parlait que très rarement pendant les cours. Il est cependant devenu très éloquent lorsqu'il s'est agi de prendre la défense de la pornographie. Il a présenté passionnément ses arguments pendant tout le cours et s'est longuement entretenu avec moi après la classe. Alors que nous buvions une tasse de café à la cafétéria, il m'a dit: «La pornographie a une très bonne influence sur les gens. Elle a fait des merveilles chez ma petite amie et chez moi...»

* * * *

Anne et moi vivons ensemble depuis dix-huit ans. Notre relation va vraiment bien, mais ça n'a pas toujours été rose. Nous avons failli rompre il y a six ans. Nous ne nous sommes ni affrontés ni déchirés; c'était plutôt une sorte d'ennui qui nous prenait lorsque nous étions ensemble, surtout quand nous étions au lit.

Nous avons essayé un tas de trucs pour améliorer notre vie sexuelle. Nous avons lu des livres sur les techniques érotiques. Anne s'est lancée dans la confection de petits soupers romantiques. Nous avons même été voir un conseiller. Puis, un soir, j'ai loué un film porno dans l'espoir que ça nous réveillerait un peu.

Eh bien! ça a marché. Regarder le film nous a tellement stimulés qu'avant la fin nous faisions l'amour passionnément. Épuisés, on s'est écroulés et on a dormi. Nous avons reparlé du film le lendemain, pendant le petit déjeuner, et ça nous a encore terriblement excités. C'était la première fois depuis des années que nous faisions l'amour le matin.

J'ai alors commencé à rapporter régulièrement des films pornos à la maison. Nous les regardions au lit et faisions merveilleusement l'amour. Parfois, nous critiquions les performances de tel acteur ou de telle actrice. C'est de cette façon que nous avons commencé notre petit jeu.

Un jour, nous regardions une femme qui s'agitait sur un homme lorsque Anne a dit: «La caméra n'est pas au bon endroit. Si je dirigeais ce film, je ferais un gros plan sur sa langue qui monte et descend le long de son pénis. Et je filmerais la bouche qui s'ouvre pour engloutir le gland.»

Les mots qu'a prononcés Anne ont produit sur moi un effet terrible. J'ai aimé l'entendre parler comme ça, comme j'ai aimé son fantasme de diriger un film porno. Alors, je suis rentré dans le jeu. «Et je lui demanderais de lécher le reste de son corps, ai-je ajouté. Et de prendre un peu plus soin de ses testicules. Tu ne penses pas?

— Oui, a-t-elle répondu, c'est précisément ce que je lui aurais dit de faire.» À ce moment-là, elle s'est penchée et s'est mise à me lécher l'intérieur des cuisses, lentement, mais en prenant ostensiblement la direction de mes testicules. J'ai senti la chaleur de son souffle sur mon scrotum avant qu'elle ne l'embrasse doucement.

J'ai continué de regarder l'écran et j'ai dit: «Et maintenant, je lui dirais de se concentrer sur le pénis.»

Anne a réagi en effleurant mon sexe du bas vers le haut avec sa langue. Elle n'avait jamais fait une chose pareille jusque-là. Je ne dirais pas qu'elle s'opposait à toute forme de sexe oral, mais plutôt que ce n'était pas une de ses spécialités. Et voici qu'elle faisait ça comme une championne.

Les acteurs du film porno avaient changé de position. La femme s'était renversée sur le dos, jambes grandes ouvertes, et l'homme lui léchait le vagin. Tout en jetant un rapide coup d'œil vers l'écran, j'ai demandé à Anne ce qu'elle pensait de ça.

«Il devrait aller plus lentement. Il devrait d'abord lécher le bord des lèvres très légèrement. Alors seulement, il pourrait se glisser doucement à l'intérieur.» Tout en parlant, Anne s'est couchée sur le dos, a écarté ses cuisses et a mis sa main sur ma tête qu'elle a guidée vers les plis de sa vulve. «Ça va être génial!»

J'ai commencé à laper et à mordiller son sexe, en tentant de suivre les indications qu'elle donnait à l'acteur à l'écran. Je ne l'ai jamais vue apprécier cela à ce point. Elle a gémi au moment où j'ai engagé ma langue dans sa fente. Je pouvais goûter le jus qui montait de son ventre.

«Maintenant, il devrait lécher le clitoris, a-t-elle murmuré, en n'utilisant que le bout de sa langue.»

Je me suis immédiatement exécuté et j'ai léché son petit bouton d'amour. Je pouvais entendre sa plainte. «Oh! mon Dieu! C'est si bon!» Elle ne cessait de répéter cela pendant que je taquinais doucement son clitoris. Je le sentais grossir et durcir. Je ne l'avais jamais vu aussi gonflé.

«Je vais jouir, s'est-elle mise à geindre. Si tu n'arrêtes pas tout de suite, je vais jouir.» Elle continuait à donner des coups de rein vers ma bouche. Elle voulait que j'arrête, mais son corps n'était pas d'accord. Son pelvis se soulevait vers moi et tout son ventre me suppliait de continuer. Je pouvais voir le jus qui s'écoulait de sa fente et inonder son clitoris.

«Maintenant! Je jouis maintenant!» a-t-elle crié. C'était la première fois qu'elle jouissait dans ma bouche. C'était arrivé si vite que je n'arrivais pas à le croire. J'avais, à plusieurs reprises, eu la certitude qu'elle faisait semblant, mais là, aucun doute possible, c'était de l'authentique. J'écoutais avec délices ses grognements de plaisir et j'ai continué à la fouiller légèrement avec ma langue jusqu'à ce que son orgasme cesse et qu'elle reste là, étendue, ronronnant tranquillement.

Après un moment, nous avons commencé à reparler du film. On a encore fini par faire des choses que nous n'avions jamais faites. C'est la plus belle nuit que nous ayons jamais vécue.

Nous avons appris beaucoup sur nos besoins sexuels respectifs. Il semble que, jusqu'à cette nuit-là, aucun de nous n'ait vraiment rien su de ce que l'autre aimait, ou voulait. Et nous étions trop gênés pour en parler ouvertement. Peut-être avions-nous l'impression que nous aurions l'air de trop en demander. Quand nous regardons un film porno, nous sommes en mesure d'exprimer nos désirs cachés en prétendant diriger l'action qui se déroule à l'écran.

Nous continuons de regarder ce genre de film de temps en temps, mais nous sommes devenus si ouverts pour tout ce qui touche à nos besoins que nous nous sentons libres de laisser aller notre imagination, et cela, même quand on ne regarde pas de film. On peut dire que c'est l'imagination qui a sauvé notre relation.

JOSÉE ET SAM

Iris:

Josée et Sam sont nos voisins. Parfois, Steve et moi pouvons les voir prendre des bains de soleil nus sur leur patio ou batifoler, toujours nus, dans leur piscine ou leur bain tourbillon. Un jour, j'ai essayé de dire à Josée que leur haie ne protégeait pas leur vie privée autant qu'ils le croyaient. Elle s'est contentée de rire.

«Nous savons qu'on nous voit, a-t-elle dit. Mais ça ne nous dérange pas. En fait, l'idée nous enchante. Il y a des jours où Sam et moi nous rendons à des auditions pour obtenir des rôles dans un film porno.»

«Oh! vraiment! ai-je répondu, un peu surprise.

— Eh bien, pas vraiment! a-t-elle admis à contrecœur. Mais nous prenons un réel plaisir à répéter devant notre caméra vidéo...»

****

Sam et moi avions l'habitude de louer beaucoup de films porno que nous regardions sur notre magnétoscope. Ça nous excitait tellement qu'on se mettait à faire l'amour avant même d'être arrivés à la moitié du film. Et la plupart du temps, nous n'arrivions pas jusqu'à la fin. Un soir, nous étions en train d'en regarder un à la télé tout en nous observant dans le miroir de la chambre, quand Sam a dit: «Nous sommes meilleurs que ces gens. On devrait devenir des vedettes du porno.»

Le jour suivant, Sam est revenu à la maison avec un nouveau jouet — une caméra vidéo. Il l'a installée sur un trépied, dans notre chambre, et m'a dit: «Josée, viens faire un bout d'essai. Si tu veux un rôle dans mon film, montre-moi ce que tu sais faire.»

L'idée de faire une audition pour un film porno me séduisait vraiment. «Mettons une petite musique de fond», ai-je suggéré. J'ai été dans la salle de musique et j'ai pris un disque appelé *L'effeuilleuse*. C'est l'un de ceux que je préfère. Sam m'a raconté avoir vu des danseurs se déshabiller sur cet air dans un spectacle, et je n'ai jamais été capable de l'écouter sans m'imaginer en train de me déshabiller sur une scène.

À peine la musique a-t-elle commencé que je me suis sentie tout excitée. La caméra était dirigée vers moi, et je pouvais me voir sur l'écran de télé. Je me suis mise à me balancer au rythme de la musique. Après un moment, j'ai commencé à déboutonner mon chemisier en essayant de rendre mes mouvements aussi sexy que possible.

Quand j'ai eu fini de le déboutonner, je l'ai ouvert tout grand afin de dévoiler mon soutien-gorge en dentelle, puis je l'ai immédiatement refermé, comme l'aurait fait, j'imagine, une reine du strip-tease. Tournant le dos à la caméra, j'ai fait descendre lentement mon chemisier, exposant mes épaules nues. Quand tout mon dos a été découvert, j'ai laissé tomber le chemisier et me suis retournée vers la caméra.

Centimètre par centimètre, j'ai soulevé le bas de ma jupe jusqu'au ras de mon sexe, puis je l'ai laissée retomber. Lentement, j'ai fait glisser de haut en bas, puis de bas en haut, la fermeture éclair de ma jupe avant de l'ôter complètement.

Ne portant rien d'autre que mon soutien-gorge et ma culotte, j'ai commencé à danser devant la caméra, balançant mon fessier d'avant en arrière, tournoyant et me déhanchant. J'ai lancé un coup d'œil à Sam pour voir sa réaction. Il semblait apprécier, me fixant à travers l'œil de la caméra. J'ai regardé l'écran. Ma toison pubienne formait une tache sombre que l'on pouvait distinguer au travers de ma culotte. J'ai frotté le bas de mon ventre avec le plat de mes mains, puis j'ai glissé mes pouces dans l'élastique de ma culotte.

D'un mouvement lent et étudié, j'ai fait glisser ma culotte sur mes chevilles, dévoilant complètement ma chatte. D'un air grivois et audacieux, j'ai pris ma culotte avec le bout des orteils et je l'ai jetée vers la caméra. Je me suis rapidement retournée et, tortillant du derrière, j'ai remué mes fesses de façon provocante.

Écartant mes jambes, je me suis penchée en avant pour pouvoir regarder la télévision entre mes cuisses. J'ai fait un signe à Sam au moment où il faisait un gros plan de mon derrière nu. Je pouvais voir le trou plissé et noir de mon anus sur l'écran.

Je me suis relevée pour dégrafer mon soutien-gorge, le dos toujours tourné à la caméra. Puis, effectuant un lent demi-tour, j'ai présenté mes seins à l'objectif. Sam était très excité de me voir faire. Il suffisait de jeter un coup d'œil sur son érection. Mais à dire vrai, je crois que j'étais encore plus excitée que lui. J'ai remué les épaules afin de faire rebondir et rouler mes seins dans tous les sens. Sam dit toujours que j'ai des seins comme des ballons et, sur l'écran de télé, ils semblaient encore plus gros.

Mes mamelons étaient d'un rouge brillant; les pointes étaient épaisses et dures comme des pierres. J'ai pris mes seins au creux de mes mains, ne laissant passer que la pointe des mamelons à travers mes doigts. Je les ai soulevés, l'un après l'autre, pour en lécher le bout jusqu'à ce qu'ils soient recouverts d'une couche de salive. Ça les a fait devenir plus gros que jamais. Je me donnais en spectacle à Sam et à la caméra, mais je le faisais aussi parce que je trouvais ça bon. J'avais l'impression d'avoir le vagin en feu.

«Bien, a dit Sam, montre-nous quelque chose de vraiment cochon maintenant, comme par exemple ouvrir grand tes jambes et jouer avec ta petite chatte.»

Je n'avais pas vraiment besoin d'encouragements! Tout en me regardant évoluer sur l'écran, je me suis jetée sur le lit et j'ai écarté les cuisses aussi largement que possible. Sam a fait un gros plan de mon entre-cuisse. Je voyais des gouttelettes de liquide perler sur la peau rose et fine de mes lèvres. Et mon clitoris était dressé, gros et fier.

J'ai suivi ma fente avec les doigts d'une main tout en me caressant de l'autre. La caméra suivait chacun de mes mouvements. Écartant mes petites lèvres, j'ai enfoncé un doigt dans mon ouverture aussi profondément que possible. C'était si bon que mon clitoris s'est mis à palpiter. Puis j'ai léché le jus que j'avais sur les doigts et adressé un clin d'œil à la caméra. J'avais le sentiment d'être une vraie salope, une reine du porno. Je pouvais entendre la respiration de Sam devenir plus rauque.

J'ai mis deux doigts dans ma chatte, puis trois. Doucement, je les ai fait bouger en un mouvement de va-et-vient, essayant d'imiter le déplacement du pénis de Sam quand il me fait l'amour. En même temps, j'ai commencé à me caresser le clitoris avec le pouce. Tout mon vagin était couvert de fluides qui s'échappaient de ma fente béante.

Je sentais venir l'orgasme et regardais attentivement la télévision en même temps que je m'activais furieusement sur ma chatte. Ce que je voyais était plus affolant que tous les films pornos que nous avions vus. La muqueuse de mes lèvres était d'un rose brillant. À mesure que j'entrais et sortais, la chair de mon sexe adhérait à mes doigts, entrant en moi quand je les enfonçais, puis en sortant lorsque je les retirais. J'ai entendu des gémissements sortir de la télévision et j'ai soudain pris conscience que c'était moi qui les poussais.

«Oh! c'est si bon! ai-je pratiquement crié. Je suis en feu, je vais jouir.» Mes paroles m'excitaient encore plus qu'elles n'excitaient Sam. Je me suis labourée plus vite et plus fort, comme si j'allais chercher un orgasme dans chacune des fibres de mon corps.

Sam a émis un son guttural qui m'a obligée à quitter le poste de télé des yeux pour le regarder. Il continuait à me regarder à travers le viseur de la caméra mais ses pantalons étaient ouverts et il avait son pénis dans la main. Il se masturbait comme un dément. Son gland était d'un rouge sombre. Soudain, une goutte de sperme est sortie du bout. Puis une giclée. Puis un jet. Puis un flot. En le voyant grogner de plaisir, je me suis jointe à lui.

La caméra a enregistré chaque détail de mon orgasme, même si, sur le coup, je n'y ai pas fait attention. Je ne regardais plus l'écran. Mes yeux étaient rivés sur le sexe de Sam. Tout en accélérant le mouvement de mes doigts dans ma fente humide, je criais de plaisir. «Je jouis. Je jouis.»

Je suis restée couchée sur le dos, jambes ouvertes, les doigts toujours enfoncés en moi. Je sentais un flot de liquide s'écouler de mon vagin et se répandre entre mes cuisses. À la fin de mon orgasme, les draps étaient trempés. J'ai fermé les yeux pendant un moment, enfermée que j'étais dans un monde magique de délices sexuelles. Puis je les ai rouverts pour regarder Sam.

Avec un profond soupir, il a éteint la caméra. «Tu as été fantastique, m'a-t-il dit. Je te donne le rôle.

— Repasse le bout d'essai, lui ai-je demandé. Je meurs d'envie de le revoir.»

Nous avons regardé la cassette ensemble. C'était bien plus stimulant pour nous que ne l'avaient été les cassettes louées. Ça nous a excités presque instantanément et nous nous sommes mis à faire l'amour avant même d'être arrivés au milieu.

Depuis lors, nous avons fait beaucoup de cassettes pornos. Habituellement, nous y jouons tous les deux. Mieux que des professionnels. Nous ne louons même plus de films. Nous jouons les nôtres. Je ne suis pas tout à fait sûre de ce que je préfère: les tourner ou les regarder. Nous aimons nous imaginer que nous avons produit ces films pour une grande maison et qu'ils sont disponibles dans des magasins ou que d'autres individus vont les louer et les regarder. Peut-être qu'une fois, nous vous en ferons voir un, à Steve et à toi.

12

Faites ça à deux
pendant que je regarde

Pour bon nombre d'observateurs de la condition humaine, le mariage, dans notre société, est un dilemme dont les solutions sont toutes insatisfaisantes. Quand les exigences qu'impose la moralité divergent de celles que suggère la nature, disent-ils, aucune satisfaction n'est possible. Et ils ajoutent que moralité et nature sont en total désaccord au sujet de la monogamie.

L'un des dix commandements des tables de la loi promettant aux enfants d'Israël une vie bonne et sainte leur interdisait l'adultère. Depuis lors, la société occidentale attend des conjoints qu'ils soient fidèles. Aujourd'hui, tout le monde admet que cette règle est fréquemment bafouée, mais les experts semblent diverger quant aux raisons qui pourraient expliquer ce phénomène.

Le philosophe suisse Denis de Rougemont apporte une explication dans un livre imposant intitulé *L'Amour et l'Occident*. Évoquant les mythes qui ont façonné la pensée occidentale, il dit que notre esprit est nourri de passion, de drame et de romantisme. Compte tenu du fait que le mariage monogame est incapable de satisfaire ces besoins, le philosophe soutient que l'adultère est inévitable.

Dans *Le Singe nu,* l'éthologiste Desmond Morris propose une explication évolutionniste qui part de l'hypothèse que nous descendons d'une espèce de primates carnivores. Il dit que quand les hommes ont commencé à quitter chaque jour la tribu pour chasser, il leur a fallu adopter un système monogamique afin de prévenir les rivalités qui auraient abouti à l'éclatement du groupe. Il précise que, la chasse étant une activité dangereuse, le couple risquait fort d'être anéanti par la mort d'un des deux partenaires. Si les liens étaient trop exclusifs, cette mort entraînerait l'échec des stratégies de reproduction. Il en conclut que la nature assure la survie des espèces en veillant à ce que les partenaires continuent d'être sexuellement attirés par d'autres congénères.

Quelle qu'en soit la raison, il ne fait aucun doute que la monogamie ne satisfait pas un grand nombre d'individus. Dans certaines régions des État-Unis, le taux de divorce égale quasiment celui des mariages. Nombreux sont les États qui ont abandonné le mythe du mariage «pour la vie» en rendant très facilement accessible le divorce par consentement mutuel. Il résulte de cette situation un système que les sociologues ont appelé la «polygamie sérielle», et qui permet à une personne d'avoir plusieurs partenaires dans sa vie — pas simultanément toutefois.

En 1973, Nena et George O'Neill proposaient une autre solution. Dans leur livre intitulé *Open Marriage: a New Lifestyle for Couples,* ils dénonçaient l'échec de la monogamie, et ce en dépit du fait que ce soit le modèle social dominant. Selon eux, notre société change trop rapidement, devient trop complexe pour qu'une personne puisse à elle seule combler les attentes sexuelles et non sexuelles d'une autre personne. Ils suggéraient que l'on restructure les conceptions du mariage de sorte que chaque partenaire soit en mesure de vivre des relations sexuelles avec d'autres personnes. Ils admettaient toutefois que, pour beaucoup d'individus, de tels arrangements engendreraient inévitablement un sentiment de jalousie.

Quelques-uns des couples que nous avons interrogés ont trouvé une solution plus pratique. Tout en reconnaissant que la nature peut leur faire désirer une personne autre que leur partenaire habituel, ils sont conscients que le passage à l'acte serait dévastateur pour leur mariage. C'est pourquoi ils s'efforcent de satisfaire les exigences conflictuelles de la nature et de la morale en confinant leurs infidélités au domaine du fantasme.

Ils s'imaginent faisant l'amour avec une vedette de la télévision, un personnage politique, ou une connaissance. Ils discutent ouvertement de leur fantasme avec leur partenaire et vont même jusqu'à faire jouer à celui-ci le rôle de l'observateur afin de partager avec lui les plaisirs de leurs aventures imaginaires. C'est là une façon d'apprécier les avantages de la variété sexuelle sans en prendre aucun des risques.

NANCY ET ALAIN

Iris:

Imaginez quelle a été ma surprise quand j'ai appris que le centre dans lequel je venais à peine de m'inscrire appartenait à Nancy, une vieille copine d'université. Quand j'ai connu Nancy, elle avait la réputation d'avoir un goût prononcé pour la promiscuité sexuelle. La rumeur disait qu'elle avait couché avec à peu près tous les garçons de notre classe, et même avec quelques filles. Même si nous n'étions pas de proches amies à cette époque, Nancy m'avait avoué que cette rumeur était en partie exacte, allant jusqu'à me décrire en détail certaines de ses aventures sexuelles. Elle semblait éprouver le besoin de partager ses secrets intimes avec quelqu'un et, pour une raison que j'ignore, m'avait choisie, moi. Peut-être était-ce parce que j'appréciais vraiment ses histoires et qu'elles ne me choquaient pas. Elle trouvait en moi un public très attentionné.

En dépit des années qui se sont écoulées depuis l'université, son corps est resté identique, et je le lui ai dit. Je dois admettre qu'en comparaison le mien semble assez dévasté. Nous avons beaucoup ri et, très vite, nous nous sommes retrouvées comme au bon vieux temps; fascinée, j'écoutais Nancy me parler ouvertement de ses expériences sexuelles. Mais maintenant son mari en faisait partie...

****

Quand j'ai acheté ce centre, il y a douze ans, la comptabilité était dans une pagaille indescriptible. J'ai alors fait appel à une firme de gestion pour essayer de mettre un peu d'ordre dans les comptes. C'est ainsi que j'ai connu mon mari, Alain. C'était lui le comptable. Aussitôt qu'il s'est assis et qu'il a mis ses lunettes, j'ai su qu'on se marierait.

Nous avons dîné ensemble ce soir-là, et je l'ai ramené à la maison. Nous avons fait l'amour. Tout s'est décidé ce soir-là. Nous avons constaté que tout ce qui l'excitait m'excitait. À partir de ce moment, je n'ai plus jamais couché avec un autre homme. Je n'en ai même jamais éprouvé le désir. Nous disposons de toutes les fantaisies dont nous rêvons en nous livrant à nos fanstasmes.

Dès le début, Alain aimait que je lui raconte les aventures que j'avais eues avec d'autres hommes à l'époque de l'université. Je les lui chuchotais, et ça l'impressionnait tellement que je l'ai souvent cru prêt à exploser. Le jour où je lui ai raconté l'aventure que j'avais eue avec une camarade de chambre, il a failli éjaculer rien qu'en m'écoutant. Puis il m'a pénétrée et m'a demandé de lui décrire le corps de cette fille dans les plus petits détails. Je ne l'avais jamais vu aussi excité.

Je l'ai régalé plusieurs fois avec ce fantasme. Puis, un soir, histoire de raviver un peu le jeu, j'ai légèrement modifié la description de la fille: je l'ai remplacée par un mannequin qui travaille pour moi. Alain s'en est rendu compte et l'idée lui a plu énormément. Quelques jours plus tard, quand il est venu au centre pour travailler à la comptabilité, je l'ai vu qui observait les femmes se trouvant dans une salle d'exercices.

J'ai remarqué qu'il en observait une en particulier. Son sexe se gonflait dans son pantalon tandis qu'il la regardait s'entraîner dans son maillot collant. Il m'a demandé son nom. Je lui ai répondu qu'il s'agissait de Julie, un mannequin. Son corps était en grande forme mais elle continuait de travailler trois fois par semaine pour le garder tel quel. Elle avait des seins magnifiques et un de ces petits culs que les hommes trouvent irrésistibles. Et de longs cheveux blonds et soyeux.

Malgré ses efforts pour ne pas les fixer, le regard d'Alain était littéralement collé à ses mamelons dressés et parfaitement moulés dans son maillot d'exercice. Elle avait beaucoup transpiré et son maillot lui collait au corps comme une deuxième peau, ce qui laissait deviner ses formes. À aucun moment, elle n'a regardé Alain, mais j'avais le sentiment qu'elle se savait observée et que c'est pour lui qu'elle accomplissait ses exercices. De toute manière, je me fiche de savoir qui me l'échauffe si c'est moi qui le ramène à la maison.

Ce soir-là, Alain s'est mis à me déshabiller dès que nous avons franchi la porte de la maison. Je me suis laissée tomber par terre en entraînant son corps sur le mien. «J'ai vu comment tu regardais Julie, ai-je dit, moi aussi je l'ai regardée.»

Je l'ai entendu gémir doucement.

«J'ai eu envie de la caresser partout devant toi», ai-je continué.

Alain a poussé un soupir gourmand. «Qu'aurais-tu fait? m'a-t-il demandé.

— D'abord, j'aurais palpé ses seins couverts de transpiration à travers son maillot. Puis je l'aurais déshabillée complètement...

— Oh! oui! a dit Alain, continue.

— J'aurais pris ses tétons dans ma bouche et les aurais sucés jusqu'à ce qu'ils se dressent comme de grosses fraises. J'aurais alors éloigné un peu ma tête pour que tu puisses jeter un coup d'œil pendant que je les aurais léchés avec le bout de la langue. Tu aimerais ça?»

Avant qu'Alain n'ait pu répondre, j'ai enchaîné: «Mais, par-dessus tout, c'est sa chatte que j'aimerais lécher pour toi. Je voudrais y enfouir mon visage jusqu'à ce qu'il soit recouvert de son jus. Puis je t'embrasserais sur la bouche et comme ça, tu aurais le goût de son sexe sur ma peau.»

Le souffle rauque d'Alain semblait monter droit de son bas-ventre. Son pantalon était ouvert et je sentais le bout de son pénis pressé contre le tissu humide de mon entre-jambes. D'un geste désespéré, il a tiré le tissu sur le côté et m'a pénétrée. «Continue, m'a-t-il implorée, que fais-tu d'autre avec elle?

— J'enfonce ma langue tout au fond de sa fente, et je la baise avec. Quand ma langue est enduite de son liquide d'amour, je la presse doucement sur son clitoris. Il est gros et dur. Je fais de petits cercles avec le bout de ma langue pour que tu puisses le voir grossir entre ses petites lèvres.»

Je sentais le pénis d'Alain vibrer dans mon corps; ma description lui mettait le feu au ventre. Ça commençait à m'enflammer moi aussi. L'idée de faire l'amour avec Julie pendant qu'Alain me regardait m'excitait autant que lui. Chaque fois qu'il s'enfonçait en moi, mes muscles vaginaux se resserraient autour de son pénis. Les yeux fermés, j'ima-ginais le corps de Julie se convulsant sous mes caresses orales. Je pouvais presque sentir les poils de sa toison blonde me chatouiller la langue. Je pouvais presque sentir le doux parfum de sa féminité.

«Je veux la voir manger ta chatte, a gémi Alain en pres-sant son corps contre le mien.

— Oui, ai-je répondu. Elle est étendue sur le dos. Ma tête est entre ses cuisses. Doucement, sans ôter ma langue de son bouton, je m'avance pour chevaucher sa tête. Ma chatte est juste au-dessus de sa bouche. Je peux sentir sa respira-tion tandis que je laisse descendre mon sexe sur sa bouche. Quand elle commence à grignoter mes lèvres, je me cambre pour ouvrir grand ma fente sur le bout de son nez. Pendant que sa langue me pénètre, la mienne recouvre son clitoris.

— Vous vous mangez toutes les deux en même temps, a gémi Alain d'une voix que la concupiscence rendait de plus en plus rauque. Et je regarde tout. Tu me rends fou, Nancy. Raconte-moi ce que tu ressens.»

J'étais tellement tranportée par ma propre description que je ne savais plus si je devais l'extraordinaire bien-être que j'éprouvais au pénis d'Alain ou à mon soixante-neuf imaginaire avec Julie.

«Je suce doucement son clitoris, maintenant. Je lui montre exactemant ce que je veux qu'elle me fasse. Elle se met à sucer le mien. Elle sait que tu nous regardes et elle veut que tu te rinces l'œil.

«Elle écarte mes lèvres pour que tu puisses voir à quel point elle a fait enfler mon clitoris. Ma langue travaille aussi vite que la sienne. On va jouir toutes les deux. Je sais que tes yeux se déplacent sans cesse, de ma langue dans son sexe à sa langue dans le mien. J'entends Julie gémir; son odeur épicée s'est faite plus forte encore. Ses gémissements deviennent de plus en plus profonds et son souffle de plus en plus court. Son clitoris est encore plus mouillé, plus juteux. Je sens venir son orgasme; ma bouche se remplit de son jus chaud. Oh! Alain, elle jouit. Elle jute dans ma bouche. Et je jouis aussi, Alain. Dans sa bouche. Alain, je sens sa langue contre moi et je viens. Oh! mon Dieu, je remplis ma bouche de sa jouissance.»

Alain me baisait furieusement, enfonçant son pénis tout au fond de mon sexe. Je jouissais avec lui en jouissant avec Julie. Réalité et fantasme se confondaient. Je sentais à la fois le sexe d'Alain et la langue de Julie. C'était fantastique. Ensuite nous sommes restés un moment étendus sur le sol, emmêlés dans ce qui nous restait de vêtements et remplis d'un sentiment de plénitude.

Depuis lors, nous changeons de femme quand nous faisons appel à notre fantasme. Les trouver est assez facile. Les beaux corps ne manquent pas dans mon centre. Quel que soit le moment où Alain se sent des envies de traitement spécial, il lui suffit de venir mettre les livres à jour et de sélectionner ma partenaire imaginaire. C'est un bon moyen de mettre du piment dans notre vie sexuelle tout en restant fidèles l'un à l'autre. Je savoure chaque minute de ces aventures. Je les éprouve si intensément que j'ai l'impression de les vivre pour de bon. C'est un peu comme si j'avais une douzaine d'amantes avec le consentement de mon mari.

Qui sait, ce soir, ce pourrait être toi. Mais ne t'inquiète pas, dans mon fantasme, tu auras un corps parfait. Je te le promets.

LUCILLE ET ROGER

Iris:

Lucille et Roger, nos voisins, sont venus vivre dans notre région quelques mois à peine avant que nous nous y installions. Quand nos enfants étaient plus jeunes, l'école et les tâches communautaires nous faisaient nous rencontrer très souvent. Mais nous avons toujours su que, quoi qu'il arrive, il n'y a aucune chance de trouver Lucille hors de sa maison au milieu de la journée. Durant ces heures, elle préfère ne pas être dérangée. Elle appelle ça ses meilleurs moments — elle s'assoit devant la télévision et regarde ses feuilletons à l'eau de rose.

Parfois, les matins où Steve enseigne et où Roger est au travail, Lucille débarque ici pour prendre une tasse de café. Récemment, elle m'a trouvée devant ma machine à écrire. Elle a commencé par s'excuser de m'avoir dérangée, mais je l'ai rassurée en lui disant que j'avais justement besoin d'une pause. Elle m'a alors demandé sur quoi je travaillais, mais j'ai bien vu à son air qu'elle voulait seulement se montrer polie et qu'en réalité elle s'en fichait éperdument. Quand je lui ai parlé de ce livre, toutefois, son regard s'est illuminé. J'ai vu à son expression que je venais de capter toute son attention.

«J'aimerais le lire, a-t-elle dit. Je me demande où les autres vont chercher leurs fantasmes. J'ai toujours tiré les miens des feuilletons à l'eau de rose...»

* * * *

Tu sais que je suis folle de ce genre d'émissions depuis des années. C'est peut-être idiot mais, à force, j'ai l'impression de connaître certains des comédiens personnellement. Il y a un acteur en particulier avec lequel j'ai bâti une relation imaginaire. Je l'ai vu changer de rôle d'un feuilleton à l'autre, mais je l'ai toujours considéré comme mon prince charmant personnel.

Ça a commencé il y a quelque temps déjà. Je le regardais à l'écran, mais mon esprit vagabondait. J'imaginais que je le rencontrais, dans un restaurant par exemple. Nous y prenions un verre ou y dînions en tête à tête. J'ai eu tant de conversations imaginaires avec lui que j'ai fini par trouver naturel d'aller un peu plus loin dans ma rêverie.

Je me suis demandé ce que ça me ferait de le toucher. Je me suis mise à imaginer cela. J'étais assise devant la télé mais, dans mon esprit, je me voyais en train de faire l'amour avec lui. Oh! au début, c'était quelque chose de plutôt romantique. J'imaginais qu'il me prenait dans ses bras et m'embrassait. Puis, c'est devenu plus sexuel.

J'ai commencé à l'imaginer me caressant les seins, les embrassant. Un jour, je me suis aperçue que, sans m'en rendre compte, je m'étais caressée en le regardant à l'écran. Au début, j'ai trouvé ça un peu bizarre. Mais c'était si bon que j'ai continué. Puis c'est devenu régulier. Je fantasmais en pensant que mon prince me caressait, et je me caressais en même temps.

Nous en sommes arrivés à avoir des relations sexuelles — en songe, bien sûr. Je joue avec mes seins en imaginant que mon prince me chevauche et me prend sur le divan du salon. Il m'est finalement arrivé d'être si excitée par mes fantasmes que j'ai commencé à me masturber pour me soulager. Bien sûr, je m'étais déjà masturbée quand j'étais adolescente, et même parfois après mon mariage avec Roger. Mais ça n'avait jamais été aussi bon. Je ne peux même pas décrire ce que je ressens. Ce mélange de rêverie à propos du feuilleton et d'attouchement physique donne à toute cette aventure quelque chose de très particulier.

Quoi qu'il en soit, après un moment, je me suis mise à regarder ce truc dans le seul but de fantasmer et de me masturber. Ça me faisait un si bel entracte au milieu de la journée! Et j'ai vraiment découvert beaucoup de choses sur moi.

Un jour où j'étais étendue sur le canapé, jupe relevée et culotte baissée, à regarder la télé et à prendre mon pied, je me sentais si bien que je n'ai pas entendu Roger rentrer. Je ne sais pas pourquoi, mais il était sorti du travail plus tôt que d'habitude, ce jour-là. J'étais perdue dans mon fantasme et je sentais l'orgasme venir, alors j'ai fermé les yeux et me suis laissée aller. Je suis restée sans bouger un long moment après avoir joui, dans un état de bien-être total. Et lorsque j'ai rouvert les yeux, j'ai vu Roger debout dans l'entrée, arborant un grand sourire.

«Mon Dieu, ai-je dit, depuis combien de temps es-tu là?» J'étais affreusement gênée. Je n'avais jamais fait une chose pareille devant lui. Je me sentais aussi coupable que s'il m'avait surprise en train de le tromper.

«Assez longtemps, a-t-il répondu. J'ai vraiment aimé ton petit spectacle, Lucille. Peut-être devrais-je rentrer plus souvent de bonne heure.»

Ma honte laissait place au soulagement. Roger n'était ni choqué ni en colère. Il était excité. Il s'est mis sur le canapé et a défait sa ceinture. Il a alors laissé tomber son pantalon sur ses chevilles et m'est monté dessus sans même enlever ses vêtements. La sensation était merveilleuse. Et même si je venais juste de me masturber, j'ai eu un orgasme presque immédiatement.

Plus tard dans la nuit, Roger m'a demandé de me masturber encore. J'ai essayé, mais je n'y suis pas parvenue. Finalement, je lui ai expliqué que c'était de fantasmer sur le prince du feuilleton qui m'excitait. Je ne savais pas très bien comment il allait réagir en entendant cela, mais il fallait que je le lui dise.

Il a semblé aimer l'idée, et je dois avouer que ça m'a quelque peu surprise. «Raconte-moi ça, a-t-il murmuré d'une voix rauque, parle-moi de ton fantasme.»

D'abord, j'ai eu peur qu'il ne soit jaloux si je lui disais tout, alors je suis restée très évasive. Je lui ai dit un truc du genre: «Oh! tu sais, j'ai simplement imaginé que ça ne serait pas mal de prendre son pied avec ce joli cœur.»

Mais ça ne l'a pas satisfait. «Non, a-t-il dit, raconte-moi en détail.»

Il suffisait de l'écouter parler pour comprendre que la chose l'excitait. Et ça ne me laissait pas indifférente non plus. Je savais qu'il valait mieux que je commence par décrire mon état d'esprit. J'ai parlé de mes rêveries diurnes, des choses que j'imaginais qu'on me faisait.

Tandis que je parlais, je voyais le pénis de Roger durcir. Et je commençais à mouiller. Alors j'ai commencé à me caresser. Roger a adoré ça. L'excitation le rendait fou. Pour moi, c'était encore meilleur que le jeu auquel je me livrais devant la télévision.

Après un moment, Roger s'est mis à me caresser et à m'embrasser. J'ai continué à murmurer mon histoire de prince et Roger et moi avons fait l'amour comme jamais nous ne l'avions fait. C'était absolument sauvage. Il m'a fait des choses qu'il ne m'avait jamais faites. J'ai eu trois orgasmes monumentaux. Ça ne m'était jamais arrivé non plus. Nous sommes tombés d'épuisement lorsque le jour a commencé à se lever.

Mon fantasme s'est transformé en véritable histoire d'amour. Ma relation secrète avec le prince charmant est devenue quelque chose que Roger et moi pouvons partager. Ça met un peu de variété dans notre vie sans pour autant nous donner de raisons d'être jaloux ou de nous sentir coupables. Je lui raconte ce à quoi j'ai rêvé, me masturbant pendant qu'il me regarde, jusqu'à ce que nous soyons prêts à faire l'amour. C'est devenu un épisode courant de notre vie sexuelle.

Je pense que les gens mariés deviennent paresseux avec le temps; ils oublient à quel point les préliminaires peuvent être importants. Je pense que c'est ce qui nous arrivait à Roger et à moi, et on ne s'en apercevait même pas. Mais maintenant que nous avons découvert notre jeu de fantasme, notre vie sexuelle est plus satisfaisante qu'elle ne l'a jamais été. C'est même meilleur que quand nous nous sommes mariés.

ARNOLD ET MARIE-HÉLÈNE

Steve:

Arnold est avocat. Sa femme, Marie-Hélène, enseigne dans une université d'État et prépare un doctorat en sciences politiques. Ils ont tous les deux dans les vingt-cinq ans. Récemment, alors qu'Iris et moi étions attablés dans un restaurant de San Diego, ils se sont arrêtés à notre table pour nous saluer. Après avoir présenté Arnold et sa femme à Iris, je les ai invités à se joindre à nous pour prendre un verre.

Bien que paraissant un peu ennuyée par l'invitation, Marie-Hélène allait s'asseoir lorsque Arnold s'est excusé: «Merci beaucoup, mais nous manquons de temps.» Puis, jetant un coup d'œil malicieux à sa femme, il a ajouté: «Nous avons un rendez-vous avec le président.»

En entendant cela, Marie-Hélène a rougi et a paru avoir du mal à réprimer son envie de rire.

«Faites-lui mes salutations», ai-je dit à Arnold. Le couple s'est retiré plutôt précipitamment.

Quelques semaines plus tard, j'ai rencontré Arnold à la bibliothèque de droit du comté. «As-tu présenté mes vœux au président?» lui ai-je demandé.

Le visage du jeune avocat s'est empourpré. «Ce n'était qu'un jeu», a-t-il bafouillé. Il semblait évident qu'il était embarrassé, mais il y avait aussi une sorte de fierté dans la manière avec laquelle il a ajouté: «Ma femme a une vie sexuelle fantastique.»

J'aurais voulu plus de détails, mais il me semblait que je ne connaissais pas assez Arnold pour lui poser des questions personnelles.

«Je n'ai jamais parlé de ça à qui que ce soit, a-t-il dit d'une voix hésitante, mais avec toutes les recherches que tu fais sur les comportements sexuels, j'ai l'impression que tu pourrais comprendre...»

****

Nous sommes de grands adeptes du sexe oral. Nous pouvons faire ça pendant des heures. Pour ma femme, c'est une façon de m'amener jusqu'aux limites du supportable. Puis, quand je suis sur le point d'éclater, elle me serre le pénis avec ses doigts pour retarder mon orgasme. Quand il est redevenu mou, elle me dit des choses qui le font se redresser.

Ça, c'est quand nous commençons à nous livrer à notre petit jeu. Il s'agit d'une sorte de fantasme qu'elle élabore pour moi. Elle me dit que nous avons été invités à la Maison-

Blanche pour y dîner avec le président et sa femme. Quelque chose de très intime: Marie-Hélène et moi, le président et la première dame. Habituellement, nous utilisons un ancien président.

Après le dîner, nous nous retrouvons tous les quatre dans le bureau ovale. La femme du président explique qu'elle nous a invités parce qu'ils ont un problème sexuel. Elle n'a jamais appris comment faire une fellation à son mari, mais elle a entendu dire que Marie-Hélène faisait merveille dans ce domaine et elle espère qu'elle voudra bien l'aider.

À ce moment, Marie-Hélène me dit un truc du genre: «Cela te dérangerait-il que je fasse une démonstration sur le président?»

Et je réponds: «Tu dois le faire. C'est un devoir patriotique.»

Alors Marie-Hélène commence à me caresser doucement, en murmurant: «D'abord, je lui dirai d'enlever son pantalon et son slip. Puis je commencerai à le frictionner de bas en haut pendant que toi et la première dame vous vous tiendrez sur le côté pour regarder.»

Tout en me regardant, elle me décrit ce qu'elle fait, mais elle dit que c'est à lui qu'elle le fait. Parfois, sa description est tellement vivante que, si je ferme les yeux, je peux la voir tenir le pénis du président. «Je le serre fort, comme ça», dit-elle. Ou encore: «Je le chatouille là-dessous.»

Entendre sa description et sentir en même temps sa caresse me rend fou. Quelquefois, elle me décrit la femme du président en train de s'appliquer pour apprendre sa technique. Ou alors elle dit de quelle façon la grande dame s'excite, ses mamelons durs saillant sur le devant de sa robe, avec des gouttes de sueur perlant au-dessus de sa lèvre supérieure. Marie-Hélène a beaucoup d'imagination.

Après un moment, elle met sa bouche près de mon pénis et souffle dessus. «Je vais le prendre dans ma bouche maintenant, dit-elle. Je vais montrer à sa femme comment on fait.» Elle peut rester comme ça un long moment, à me lécher et me sucer, en imaginant que c'est au président qu'elle le fait. Ça me rend fou.

Quelquefois, quand je sens que je ne peux plus tenir, elle change un peu l'histoire pour me donner un répit. Nous avons été invités à dîner par le roi et la reine d'un pays européen, au palais royal. La reine se plaint que le roi la néglige. Le roi dit qu'il n'a pas assez d'énergie pour faire l'amour et qu'il apprécierait que je m'occupe de sa femme.

Marie-Hélène me dit que la reine a besoin d'un bon *cunnilingus* et que ça améliorerait les relations internationales si je l'aidais. À ce moment, elle prend ma main et la dépose sur son sexe. Tandis que je l'explore avec mes doigts, elle me décrit les habits de la reine.

Habituellement, Sa Majesté porte des vêtements certes coûteux, mais indignes de sa condition, comme une jupe de cachemire gris et un gilet, par exemple. Mais Marie-Hélène me dit que, sous ses jupes austères, elle porte de la lingerie de dentelle noire très sexy. Elle me décrit les jambes douces et bien galbées dans les bas noirs que soutiennent des porte-jarretelles coquins.

Saisissant ma main et la promenant contre son propre corps, elle me dit que la reine ne porte pas de culotte. Elle parle tout le temps, me détaillant les choses que je lui fais comme si c'était à la reine que je les faisais. Je la pénètre avec mon doigt, et elle dit: «Sens comme Son Altesse est mouillée.»

À ce stade, elle aime bien me donner des instructions très précises sur ce que je dois faire à la reine. «Pourquoi ne l'embrasses-tu pas plus bas?» dit-elle en poussant ma tête vers ses cuisses. «Pourquoi ne la lèches-tu pas pendant que le roi regarde?»

Je perds littéralement la tête quand elle dit: «Vas-y. Enfonce ta tête dans le vagin de Sa Majesté. Ça m'est égal. J'adore te voir faire.»

Pendant que je lui fais l'amour avec ma bouche, elle continue de murmurer les choses qu'elle me voit faire à la reine. Parfois, elle arrive à parler jusqu'à ce qu'elle ait un orgasme. D'autres fois, elle me demande de m'arrêter. Puis, après une pause, elle revient à l'histoire du président dans le salon ovale.

13

Joignez-vous à l'orgie

L'un des aspects les plus intéressants du langage tient à la façon dont il évolue. Les vieilles expressions prennent un sens nouveau afin de satisfaire les besoins changeants de la société. L'usage que font les Anglo-Saxons de l'expression «guirlande de pâquerettes» illustre parfaitement cette évolution. Selon la troisième édition internationale du dictionnaire Webster, le mot fait référence à la guirlande de pâquerettes que l'on passait au cou des meilleurs étudiants lors de la cérémonie des remises de diplômes. Dans le supplément, toutefois, l'expression américaine «guirlande de pâquerettes» désigne une activité sexuelle de groupe dans laquelle chaque participant est en contact avec au moins trois autres personnes.

Le fait est que ce nouvel usage est devenu assez commun pour mériter d'entrer dans le dictionnaire Webster et que c'est là le signe de l'attention grandissante dont bénéficie l'activité sexuelle de groupe dans notre société. Le concept n'est pas neuf, bien sûr. Il n'est même pas unique à l'espèce humaine. Les escargots de mer s'accouplent en formant une chaîne circulaire composée de sept membres, chacun pénétrant le partenaire qui le précède. Chez les humains, cependant, l'idée devient plus populaire que jamais.

Les pornographes semblent s'en être avisés puisqu'il n'est plus possible de trouver un film ou un livre porno sans que celui-ci contienne au moins une scène orgiaque. Dans son livre intitulé *Pleasures: Women Write Erotica*, la psychologue Lonnie Barbach dit que l'activité sexuelle de groupe est «probablement le seul fantasme sexuel qui soit vraiment populaire». Pour le Dr Barbach, cette popularité découle probablement du fait que, pendant qu'on fait l'amour, on voit tout en étant vu, et on entend tout en étant entendu.

Herbert Margolis et Paul Rubenstein ont récemment publié une série d'entrevues faites avec des gens qui participent régulièrement à ce que les auteurs appellent «le phénomène de l'activité sexuelle de groupe». Les personnes interrogées expliquent de plusieurs façons leur présence dans ces groupes. Certaines y voient une façon de contrôler l'activité extraconjugale de leur partenaire et de supprimer ainsi tout sentiment d'insécurité. D'autres disent que faire l'amour en groupe satisfait leur besoin de nouveauté tout en éliminant toute possibilité d'engagement sentimental dangereux pour le couple. Un des participants dit simplement: «C'est drôlement agréable, et c'est convivial.» Plusieurs expliquent que le plaisir d'être stimulé sexuellement par plusieurs individus s'accroît à mesure que le nombre de mains, de bouches, et d'organes sexuels augmente.

Comme Lonnie Barbach, nous avons remarqué que les fantasmes orgiaques jouissaient d'une grande popularité chez les couples avec lesquels nous nous sommes entretenus. En réalité, nous avons rassemblé assez de fantasmes orgiaques pour remplir un livre entier. Pour certains, la présence d'une troisième ou d'une quatrième personne intervient accessoirement dans un autre fantasme, comme voir ou être vu par exemple. Quelques-uns de ces fantasmes ont été intégrés dans d'autres chapitres. Cependant, dans la majorité des fantasmes, l'idée d'être trois, quatre, ou davantage, prédominait. Nous avons choisi de sélectionner dans ce chapitre des histoires qui permettent d'illustrer à quel point les fantasmes sur l'activité sexuelle de groupe peuvent varier.

L'un des fantasmes raconté dans ce chapitre — celui de Tina et de Walter — est fondé sur un fait réel. Il est significatif toutefois que la majorité des couples qui nous ont dit avoir un tel fantasme n'ont jamais participé à une orgie et n'ont pas réellement l'intention de le faire un jour. Alors que les couples qui ont d'autres types de fantasmes envisagent fréquemment d'en arriver à les vivre un jour, ceux qui fantasment sur l'activité sexuelle de groupe reconnaissent à la quasi-unanimité que la réalité est loin d'être aussi désirable.

LAURENT ET DOROTHÉE

Steve:

Iris et moi avons découvert qu'il nous est possible d'en apprendre beaucoup sur quelqu'un par sa seule façon de réagir lorsque nous lui parlons de ce livre. Les plus égocentriques ne demandent même pas de quoi il s'agit. Ceux qui le sont un peu moins se renseignent poliment mais n'écoutent pas la réponse. D'autres se montrent très intéressés, jusqu'à ce que nous leur disions qu'il s'agit d'un livre sur les fantasmes sexuels. Prisonniers de leurs propres répressions, ils se tirent d'embarras en changeant de sujet.

Quoi qu'il en soit, il y a des gens dont le visage s'illumine littéralement au moment où ils entendent le mot «sexe». Leurs yeux nous fixent passionnément. Leurs oreilles sont grandes ouvertes, prêtes à capter le moindre mot; leurs vibrations nous font savoir que nous les tenons en notre pouvoir. Leur excitation grandit à mesure que l'attention qu'ils nous portent devient totale.

Quand nous leur disons que notre livre porte sur les fantasmes de couples heureux, ils ne peuvent s'empêcher de nous parler de leurs propres fantasmes. Ils veulent faire partie du livre. Peut-être veulent-ils sincèrement contribuer au bonheur sexuel d'autres couples. Ou peut-être ont-ils simplement envie de divulguer anonymement leur sexualité.

Laurent était l'un de ceux que tout cela intéressait. C'était un avocat que je voyais occasionnellement à la bibliothèque. Nous avions l'habitude de nous saluer vaguement mais nous ne nous étions jamais parlé jusqu'au jour où nous nous sommes rencontrés dans le salon de la bibliothèque.

Laurent s'est lancé dans une conversation polie: «Vous travaillez sur une affaire?»

Quand je lui ai dit que je faisais des recherches pour un livre, il m'a demandé de quoi il s'agissait. Et quand je le lui ai dit, il est devenu évident que son intérêt dépassait amplement celui qu'aurait mérité une conversation courtoise. «C'est une très bonne idée, m'a-t-il déclaré. Surtout à notre époque où avoir des relations sexuelles adultères peut être synonyme de mort. Beaucoup de couples devraient apprendre à se donner du plaisir en faisant appel à leur imagination. En fait, ma femme et moi avons élevé le fantasme sexuel au niveau du grand art. Cela nous permet de rester fidèles, et de garder notre mariage vivant et excitant...»

****

Dorothée et moi avons toujours raffolé du sexe. Nous étions tous deux vierges quand on s'est rencontrés et ni elle ni moi n'avons jamais fait l'amour avec quelqu'un d'autre. Tout ce que nous savons, nous l'avons appris l'un de l'autre. Et de la pornographie.

On adore regarder des films pornos sur notre magnétoscope. Au début de notre mariage, on restait au lit des fins de semaine entières à faire l'amour et à regarder ce genre de films. Il nous arrive encore de le faire. C'est merveilleux de rester couchés à se donner du plaisir pendant que, à l'écran, des acteurs font la même chose.

Au début, il s'est avéré que c'était le meilleur moyen pour nous de faire connaissance sexuellement l'un l'autre. Il nous était facile de voir quelles étaient les scènes qui nous faisaient le plus d'effet à l'un et à l'autre. C'est comme ça que nous avons appris ce que nous savons du sexe oral. Je n'aurais jamais pensé faire une telle chose si je n'avais vu Dorothée s'exciter à la vue d'un acteur qui le faisait à l'écran. Et je ne pense pas qu'elle aurait jamais eu l'audace de me faire une fellation si elle n'avait vu de nombreuses reines du porno survivre à un tel traitement.

Ma plus grande découverte reste quand même l'intérêt de Dorothée pour les scènes où une femme fait l'amour avec deux hommes. Dans un film que nous avons acheté, il y a un passage dans lequel une petite délurée dotée d'une grosse poitrine est prise par deux mâles à la fois, l'un des deux ayant un pénis colossalement gros. Dorothée regardait toujours cette scène plusieurs fois de suite, et plus elle regardait, plus je voyais ses yeux briller.

À un certain moment, la femme se couche sur l'un des deux hommes pendant que l'autre enfonce son pénis géant dans son anus. La caméra fait un gros plan fascinant sur les deux orifices remplis de la femme. Quel spectacle! J'imagine à quel point il doit être bon pour une femme d'être baisée par deux hommes à la fois, et il me semble tout naturel que Dorothée se soit sentie encore plus émoustillée que moi.

Pour une raison que j'ignore, toutefois, son engouement pour cette chose la gênait. Elle feignait toujours de choisir accidentellement ce film et se faisait un devoir de trouver des excuses au moment de faire rejouer la scène, sans jamais admettre qu'elle l'aimait. Sans doute était-ce parce qu'elle croyait que je serais jaloux de savoir qu'elle était attirée par cette scène.

Le fait est que j'ai toujours été possessif envers Dorothée. Le seul fait qu'un autre homme puisse la regarder m'est désagréable. Je deviendrais fou si elle faisait l'amour avec un autre homme. Mais sa fascination pour «pénis géant» et son copain ne me dérangeait pas du tout. Après tout, ce n'étaient que des acteurs dans un film. Je n'arrive même pas à penser à eux comme à de vraies personnes. Je pouvais même envisager l'idée de la voir avec eux et ça m'excitait presque autant qu'elle.

Une nuit, alors qu'on regardait cette scène, je me suis mis à lui en parler. D'abord, j'ai dit quelque chose à propos du sexe énorme du type. Puis, avant que Dorothée ait pu ajouter un mot, j'ai ajouté: «Tu imagines comme ça doit être bon d'en avoir un comme ça fourré dans le ventre?

— Oui, a-t-elle répondu d'une voix hésitante. C'est énorme.» Elle a rougi de honte et j'ai compris qu'elle l'imaginait plongeant dans son propre anus.

«Penses-y», ai-je dit en lui caressant les fesses. «Pense que tu l'as en toi. Pense qu'il te prend par derrière pendant que je te baise par devant.»

Dorothée en a presque sangloté. De sa main, elle m'a impérativement attiré vers elle. Elle a joui à la seconde même où je l'ai pénétrée. Je savais que j'avais visé dans le mille.

Le lendemain, en rentrant à la maison, je me suis arrêté dans un sex-shop. J'étais stupéfait par la collection de godemichés dont ils disposaient. Tous étaient de taille et de couleur différentes. Certains étaient étrangement courbés et ridés, mais la plupart n'étaient que la réplique d'un pénis en érection. J'en ai pris un énorme, de couleur chair, de la taille de celui de «pénis géant», et je suis rentré à la maison pour en faire la surprise à Dorothée.

Aussitôt rentré, j'ai couru dans la chambre pour le cacher sous mon oreiller. Il y attendrait le moment précis où je lui donnerais vie. Après dîner, j'ai suggéré que nous regardions un film porno et demandé à Dorothée qu'elle en choisisse un. J'étais à peu près sûr de son choix et, effectivement, je ne me suis pas trompé. Nous nous sommes mis nus au lit et avons commencé à nous embrasser tandis qu'approchait la scène préférée de ma femme. Alors, au moment où la caméra faisait son gros plan sur le sexe monumental, j'ai sorti le godemiché et l'ai blotti contre le sexe de Dorothée.

Elle était effarée. «Mon Dieu, s'est-elle exclamée. Où as-tu trouvé ça?

— C'est Popaul. Je me suis dit que tu aimerais le rencontrer.» Tout en parlant, je frottais le bout du pénis de caoutchouc tout autour de son sexe. Elle s'est tordue de plaisir, couchée sur le dos, jambes grandes ouvertes. Je n'en revenais pas de la vitesse à laquelle ça l'avait stimulée.

Lentement, je l'ai entré en elle, petit à petit, jusqu'à ce qu'il soit profondément enfoncé. Elle hoquetait et sanglotait à chacune des pénétrations du godemiché. Il étirait les membranes extérieures et j'essayais d'imaginer l'effet produit à l'intérieur.

«Tu l'aimes, Popaul? ai-je demandé doucement. C'est bon quand je l'enfonce comme ça?

— Oh! oui! a-t-elle gémi. C'est merveilleux.» Puis, fermant les yeux afin d'avoir à éviter de me regarder, elle a murmuré: «Je veux aussi te sentir en moi.» Elle a refermé ses cuisses pour y emprisonner Popaul bien serré dans son vagin et s'est tournée sur le côté, pressant son derrière contre mon pénis bandé. De ses mains, elle a écarté les fesses pour m'inviter à pénétrer dans son anus.

La voir si enflammée m'avait jeté dans un état d'excitation proche de la frénésie. J'étais fou de désir. Je me suis courbé vers l'avant jusqu'à ce que mon pénis soit contre son petit trou, puis je l'ai pénétrée, lentement. L'intensité de son plaisir était contagieuse. Nous étions comme deux bêtes sauvages, exprimant notre amour physique comme nous ne l'avions jamais fait.

Le pénis de caoutchouc remplissait son vagin. Dans mon esprit, je la partageais avec l'autre type et je savais que dans son esprit à elle, le godemiché appartenait à un homme en chair et en os. Mais ça ne m'ennuyait pas, pas plus que ça ne me rendait jaloux parce que, dans la réalité, il n'y avait qu'elle et moi. On se balançait d'avant en arrière, poussant avec acharnement à chacun de nos contacts. Nous vivions un fantasme à trois qui, étant donné l'exclusivité de notre relation, n'aurait jamais pu prendre forme autrement. Notre orgasme a débuté presque immédiatement et a paru durer une éternité. C'est une nuit que nous n'oublierons jamais.

Maintenant, nous gardons Popaul dans le tiroir de la table de nuit de Dorothée et il peut se joindre à nous dès que nous le désirons.

DIANE ET KEVIN

Iris:

Récemment, une connaissance m'a invitée à un déjeuner organisé par une association de femmes. Elle m'a expliqué que chacune des femmes présentes aurait à parler pendant quelques minutes de ses activités professionnelles. Cette réunion avait pour objet de donner à toutes les personnes présentes l'occasion de faire connaître leurs activités dans l'éventualité d'obtenir quelques contrats. Selon elle, ce déjeuner pouvait également être une bonne source de matériaux pour la rédaction de ce livre.

Quand mon tour est venu, j'ai prononcé une courte allocution et invité les femmes à me contacter afin de me parler des fantasmes qu'elles vivaient avec leur partenaire. Je notais quelques signes d'intérêt sur bon nombre de visages. Quelques jours plus tard, j'ai reçu un coup de téléphone de Diane, une spécialiste en ordinateurs qui était présente au déjeuner. Elle me proposait un fantasme pour mon livre, à condition que je change son nom.

Je l'ai rencontrée dans un petit restaurant tranquille et intime. Elle n'était pas très à l'aise au début, mais quand je lui ai dit que Steve et moi avions interrogé un grand nombre de gens au sujet de leurs fantasmes, elle s'est décontractée et a même semblé apprécier notre conversation. Elle m'a dit qu'elle et son mari, Kevin, sont mariés depuis vingt ans et qu'ils ont une vie sexuelle très agréable.

«Nous avons à peu près tout fait ensemble, a-t-elle dit. Et ce que nous n'avons pas fait, nous l'avons imaginé. Nous aimons vraiment nous coucher et fantasmer ensemble pendant que nous faisons l'amour...»

****

L'idée d'avoir une aventure à trois avec une autre femme plaît à Kevin, et cette pensée me fascine étrangement. Bien que nous ne l'ayons jamais fait, j'ai toujours su que ça pourrait être le départ d'un fantasme affriolant. Mais le problème, c'est que je me sentais si possessive envers Kevin que, même en fantasmant, il m'était insupportable de l'imaginer faisant l'amour à une autre femme. Et m'imaginer avec une autre femme m'effrayait un peu aussi. Dès que Kevin essayait de m'amener à cette éventualité, je résistais et m'arrangeais pour qu'il oublie vite ça.

Puis Esther est arrivée. C'est la nouvelle patronne de Kevin. Esther est une superbe jeune femme qui parle ouvertement de son lesbianisme. Lorsqu'elle me l'a révélé, j'ai tenté de l'imaginer faisant l'amour avec une autre femme. Les scènes que j'imaginais étaient si excitantes qu'il m'arrivait souvent d'y participer, et ce, en dépit de la honte que m'inspirait une telle pensée.

Un soir, alors que Kevin me caressait les seins, il a essayé encore une fois de se lancer dans un fantasme à trois. «Je t'ai imaginée touchant les seins d'une autre femme juste comme ça», m'a-t-il susurré.

Je voyais au ton de sa voix qu'il s'attendait à ce que je change de sujet, aussi ma réponse l'a-t-elle surpris. «Oui, ai-je murmuré, je me vois caressant Esther.»

J'étais aussi étonnée que lui. Je n'avais pas projeté de dire ça; ça m'avait simplement échappé. C'est alors que j'ai réalisé qu'Esther serait une partenaire idéale pour nous. Elle était magnifique, et pas dangereuse. Comme elle se fichait des hommes, je n'avais pas à m'inquiéter d'une possible aventure entre Kevin et elle. Je pouvais l'imaginer se joignant à nous dans le lit sans éprouver la moindre pointe de jalousie.

Kevin a adoré cette idée. «Esther?» a-t-il répondu. Puis, avec un sourire de connivence, il a ajouté: «Oui, bien sûr, Esther. Dis-moi ce que vous faites, Esther et toi.

— Je tiens ses mamelons, ai-je dit, les yeux fermés. Ils sont dressés et durs. Je les tourne dans mes doigts, comme ceci.» J'ai fait une démonstration sur mes propres seins, tandis que montait l'excitation de Kevin. «Maintenant, je soulève ses seins et je les serre. Comme ceci.» Je massais ma poitrine tout en lui parlant.

«Et que fait Esther? a soufflé Kevin.

— Elle me lèche et me suce le bout des seins», ai-je dit en jetant un regard vers Kevin. Ses yeux étaient brillants d'excitation. J'ai attiré sa tête contre ma poitrine et j'ai fourré un de mes mamelons dans sa bouche. En gémissant doucement, il l'a pris entre ses dents et a laissé courir le bout de sa langue sur le bout.

«Oui, ai-je murmuré. Elle me suce comme ça. Exactement comme ça. Elle lèche un de mes seins pendant que tu lèches l'autre.»

Je savais que ça l'excitait d'entendre ça, et ça m'excitait encore plus. Je pouvais imaginer deux bouches me mordillant et me fouillant en même temps. L'idée que l'une d'elles était celle d'une femme rendait la chose particulièrement érotique.

«Est-ce qu'elle te fait du bien? m'a demandé Kevin.

— Oui, ai-je soupiré, Esther est vraiment merveilleuse. Elle est experte pour donner du plaisir à une autre femme. Elle sait exactement quoi faire.» Je sentais presque les lèvres d'Esther sur ma chair gonflée. Sa langue était plus douce que celle de Kevin. Son contact plus léger et plus doux. Elle était très sensible à mes réactions et prompte à satisfaire tous mes désirs. Je voulais lui donner du plaisir moi aussi.

«Je caresse sa petite chatte maintenant. Je sens son épaisse toison se hérisser d'excitation. Du liquide coule de sa fente. Lentement, je glisse mon doigt entre ses lèvres.»

Je m'imaginais frottant ma main sur le sexe humide d'une autre femme pendant que mon mari me regardait. Je lui décrivais ce que je ressentais à me frotter ainsi dans la chaleur de son ouverture moite. «Elle est si belle et chaude en dedans, ai-je murmuré. Je fais tourner mon doigt dans son jus épais de femme.» J'introduisais un doigt dans mon propre vagin, imaginant que c'était celui d'Esther.

Kevin me serrait dans ses bras et pressait son pénis durci contre ma cuisse pendant que je parlais. Je pouvais le sentir palpiter de désir. Mes mots et mes images nous excitaient tous les deux.

«La bouche descend tout le long de mon corps, ai-je soupiré, imaginant sa bouche mordillant ma vulve. Elle me suce le clitoris.

— Est-ce que sa bouche est pareille à la mienne? m'a demandé Kévin d'une voix rauque.

— Non, c'est différent. C'est une bouche de femme, elle peut faire des choses que seule une femme connaît.» J'ai pris son pénis dans la main et l'ai doucement caressé. «Je veux vous sentir tous les deux en même temps, ai-je dit d'une voix tremblante. Je veux te sentir en moi pendant que sa langue lèche mon clitoris.»

Son pénis a fait un bond. «Oui, a grogné Kevin. Je vais te baiser du dedans pendant qu'elle te mange du dehors. Et je veux aussi la voir te toucher.»

Je lui ai décrit Esther. «Elle est couchée sur le dos. Elle est nue, un peu à l'écart pour que nous puissions la voir tous les deux. Ses seins pointent droit vers le haut et ses jambes sont ouvertes de telle sorte que son sexe est entièrement visible.» Tout en parlant, je me suis mise à quatre pattes.

«Je l'enjambe, maintenant. Ma chatte est à quelques millimètres de sa bouche. Je peux sentir son souffle chaud contre moi. Ça fait gonfler mon clitoris. Tu le vois?»

Kevin était derrière moi, regardant mon sexe. Aussi étonnant que cela puisse paraître, je commençais à ressentir ce fantasme comme quelque chose de réel. Je pouvais voir le vagin humide d'Esther tandis que j'ondulais du derrière en direction de Kevin. Je baissais la tête et respirais profondément. Je pouvais sentir l'odeur du sexe d'Esther.

«Oh! Kevin, baise-moi. Enfonce ton pénis en moi pendant qu'Esther me lèche par en dessous.» Je sentais déjà l'extrémité du gros sexe de Kevin pousser sur l'ouverture de mon vagin. J'étais si mouillée que Kevin a pu l'enfoncer d'une seule poussée. «Oh! Kevin, c'est merveilleux, ai-je sangloté. Et je sens aussi la langue d'Esther qui m'explore, qui cherche mon clitoris. Oui, oui, elle l'a trouvé maintenant. Oh! Kevin, je n'arrive pas à le croire. Je vous ai tous les deux en même temps. Oh! je n'ai jamais ressenti quelque chose d'aussi bon. Oh! elle me lèche le clitoris pendant que tu me baises.»

J'étais tellement enflammée que j'en oubliais qu'il s'agissait d'un fantasme. Le pénis de Kevin et la langue d'Esther me transportaient vers de nouveaux sommets du plaisir. Aucun partenaire sexuel n'aurait pu me donner des sensations semblables à celles que je tirais de Kevin et d'Esther réunis.

Je voyais le pubis d'Esther bondir de bas en haut devant mon visage pendant qu'elle me suçait. «Je vais lécher la chatte d'Esther maintenant, Kevin, ai-je dit. Ferme les yeux et imagine-moi. Vois ma langue qui entre en elle. Oh! elle a si bon goût. Je veux qu'on jouisse tous les trois en même temps.»

Kevin a poussé un gémissement. «Oh! Diane, tu me rends fou. Oh! oui! je vais jouir en toi pendant qu'Esther te suce le clitoris.» Ses mots résonnaient dans mon corps. Je pouvais sentir son scrotum velu me frotter à mesure qu'il me baisait de plus en plus vite. En même temps, je sentais la langue douce et féminine d'Esther agacer la partie la plus sensible de mon corps. C'était presque douloureux.

Kevin criait comme jamais je ne l'avais entendu crier. «Je jouis. Oh! Diane, j'explose.» Je l'ai senti éjaculer en moi quand il a joui. J'imaginais son sperme me remplir jusqu'à déborder avant de s'écouler dans la bouche de la femme qui me léchait et me lapait. Cette sensation m'a amenée au bord de la jouissance.

Je me suis mise à gémir. «Oh! oui! Kevin. Je jouis aussi.» Mon esprit succombait aux vagues de volupté qui émanaient des profondeurs de mon ventre et enflammaient mon corps entier. Le pénis de Kevin et mon vagin, mon clitoris et la langue d'Esther, la vulve d'Esther et ma langue, autant d'images qui déferlaient en moi en un flot continu, me soulevant et me faisant rouler dans un torrent furieux de passion sexuelle. Je pleurais, hoquetais et sanglotais, jusqu'à ce que le souffle sublime de l'émotion se soit dissipé. Je me suis affaissée, face contre le drap, le pénis mollissant de Kevin encore en moi.

Nous sommes restés étendus un long moment dans les dernières lueurs de ces instants torrides. C'était la plus extraordinaire expérience sexuelle que nous ayons jamais connue et nous nous sommes promis de recommencer souvent. C'est ce que nous avons fait et refait de nombreuses fois depuis. Pas tout le temps, bien sûr. Je ne pense pas que nous le supporterions. Juste de temps en temps, quand nous nous sentons dans l'ambiance d'une soirée un peu particulière.

Ça fonctionne parfaitement pour Kevin. Ça lui donne l'occasion d'être dans un lit avec deux femmes en même temps sans que je me sente menacée ou jalouse. Et j'ai découvert que j'aimais l'idée de faire l'amour avec une autre femme. Si j'avais ce genre de fantasme seule, j'aurais l'impression de devenir lesbienne et ça m'inquiéterait. Mais le fait que Kevin soit là et que, en quelque sorte, ce soit pour lui que je le fais au lieu de ne le faire que pour moi rend la chose tout à fait acceptable.

TINA ET WALTER

Iris:

Quand Steve et moi avons fêté notre vingt-cinquième anniversaire de mariage, nos enfants nous ont fait la surprise de nous offrir une croisière sur le Mississipi. Sur le bateau, nous mangions de merveilleux plats cajuns et le jazz Dixieland ne s'arrêtait jamais. On nous avait assigné, dans la salle à manger du bateau, une table que nous partagions avec Tina et Walter. Ils étaient tous deux médecins et, aussitôt qu'ils ont appris que Steve était avocat, ils ont commencé à se plaindre du prix extrêmement élevé des assurances. Steve leur a répondu sèchement qu'il avait du mal à éprouver de la compassion pour des gens qui dépensaient plus d'argent pour leurs assurances que n'en gagnait un professeur de droit en une année.

Pendant un moment, j'ai eu peur que notre croisière ne tourne au désastre. Cependant, quand nous avons mentionné que nous écrivions un livre sur les fantasmes sexuels des couples, nous nous sommes découvert un terrain d'entente et la qualité de nos conversations s'est considérablement améliorée. Il s'est avéré que Tina et Walter aimaient parler de sexe autant que nous. Nous en sommes arrivés à nous réjouir à l'idée de les rejoindre aux repas.

Un jour, alors que Steve et Walter étaient dans la salle de jeu, Tina et moi sommes allées prendre un verre dans le salon de la roue à aubes. Tandis que nous sirotions un cocktail, Tina m'a offert un fantasme pour notre livre. Elle en avait discuté avec Walter qui était d'accord pour qu'elle me le raconte, à condition de n'être pas présent lors du récit...

* * *

Quand j'étais à l'école de médecine, j'avais l'habitude de participer à des soirées plutôt chaudes. Tout le monde était saoul ou drogué et ça finissait toujours par baiser sauvagement dans tous les coins et avec n'importe qui. Je pense que ça avait quelque chose à voir avec le fait que, après nous être consacrés entièrement à ces heures harassantes d'études, nous éprouvions tous le besoin de nous laisser aller. Et comme nous passions le plus clair de notre temps à étudier le corps humain, nous avions tendance à nous montrer plutôt insouciants à l'égard du nôtre.

J'ai rencontré Walter au cours de l'une de ces soirées. L'alcool coulait à flots et il y avait assez de substances hallucinogènes pour ouvrir une pharmacie. De toute ma vie, je n'avais vu autant de gens ivres. J'étais pour ma part tellement saoule que j'étais étendue nue sur le sol, à faire l'amour avec plusieurs hommes à la fois. De temps en temps, l'un d'eux se reposait et regardait un moment celui qui prenait sa place. À travers les brumes de mon ivresse, j'avais conscience de ces pénis qui allaient et venaient dans mon vagin, dans ma bouche et dans chacune de mes mains. Je sentais les doigts qui pinçaient mes mamelons, les mains qui me caressaient les fesses et le clitoris. J'étais ivre de plaisir.

Je me donnais en spectacle mais cela m'excitait encore plus. Chaque fois que j'ouvrais les yeux, je voyais des visages d'hommes et de femmes qui me fixaient. Parfois, je ne savais même plus si les langues et les mains qui se promenaient sur moi appartenaient à des hommes ou à des femmes. Je m'en fichais. Tout ce que je sais, c'est que c'était bon d'un bout à l'autre.

Au milieu de tout ça, j'ai vu Walter entrer dans la pièce. J'ai vaguement reconnu en lui un camarade d'études qui avait un an ou deux de plus que moi. Je ne lui avais alors jamais parlé. J'ai fermé les yeux pour mieux m'abandonner à mes sensations érotiques et pour ne plus penser à lui. Mais chaque fois que je les rouvrais, il était là, debout devant moi, à regarder. Malgré mon état de profonde ivresse, je me sentais très attirée par lui. Je me souviens d'avoir été légèrement déçue quand je me suis aperçue qu'il ne faisait rien d'autre que regarder. Finalement, quand je l'ai vu défaire sa ceinture et se préparer à se joindre à l'orgie, mon excitation s'est accrue.

Je l'ai perdu de vue au moment où des mains, des pénis et des langues m'ont ramenée à mes sensations et à ma transe érotique. Quelqu'un m'avait retournée sur le côté et me léchait l'anus. Deux bouches différentes me suçaient les seins. Un pénis poussait sur mes lèvres, emplissant ma bouche d'un goût salé de sexe. Soudain, j'ai senti mon vagin s'écarter comme jamais il ne l'avait été. J'étais certaine que deux pénis me pénétraient à la fois, me fourrant de leur chair dure et palpitante. Soupirant d'extase, j'ai ouvert les yeux pour voir quels étaient les deux hommes qui me baisaient simultanément.

Pendant un moment, ma vue est restée trouble. Je ne distinguais qu'un amas de peaux nues et d'organes sexuels. Puis, à ma grande surprise, je me suis aperçue qu'il n'y avait en moi qu'un seul pénis — un pénis si gros que j'en avais senti deux. Toutes les autres sensations ont été immédiatement reléguées à l'arrière-plan. Les doigts qui m'exploraient si librement, les scrotums que je tenais dans mes mains, les bouches qui mordillaient ma nudité, tout cela n'était rien comparé à cette érection géante.

J'ai cligné des yeux pour sortir de mes brumes et j'ai vu que c'était le pénis de Walter qui se trouvait entre mes cuisses, profondément enfoncé en moi. Chacun des mouvements de son corps augmentait mon plaisir. C'était Walter, et lui seul, qui me conduisait aux sommets de la passion. J'avais une terrible envie de l'embrasser, mais il y avait trop de monde dans le chemin. Je me suis évanouie au milieu du plus furieux orgasme de toute ma vie.

Le matin suivant, je me suis réveillée dans un lit propre, seule, et malade comme un chien. Je n'avais pas idée de l'endroit où je me trouvais ni de la façon dont j'y étais arrivée, et je me sentais trop faible pour m'en inquiéter. La tête me tournait et je gémissais de douleur.

Un main m'a alors caressé le front et une voix d'homme m'a demandé: «Comment te sens-tu?»

J'ai levé les yeux et vu Walter. À mesure que les événements de la veille me revenaient à l'esprit, je me suis sentie affreusement honteuse et j'ai souhaité mourir sur place. Fermant les yeux, je me suis retournée pour enfouir mon visage dans l'oreiller. J'ai commencé à pleurer, incapable de contrôler mon embarras.

«Oh! mon Dieu! ai-je dit. Tu dois penser que je fais des choses de ce genre tout le temps. Je ne sais même pas si je vais pouvoir reparaître en classe devant tous ces gens.

— Ne t'en fais pas, m'a-t-il gentiment répondu. Ça arrive à tout le monde d'être saoul de temps en temps. La plupart de ceux qui étaient là ne se souviendront même pas de ce qui s'est passé.» Il m'a dit qu'il s'était inquiété lorsque j'avais perdu connaissance. C'est la raison pour laquelle il m'avait ramenée dans son appartement, qui se trouvait dans l'immeuble où s'était déroulée la fête.

Quand je suis parvenue à m'asseoir sur le lit, il m'a tendu un peignoir en me disant qu'il n'avait aucune idée de l'endroit où se trouvaient mes vêtements. Il m'a ensuite concocté une espèce de mixture pour lendemain de beuverie en me garantissant qu'elle était fatale aux gueules de bois. Puis il m'a raccompagnée à la maison.

J'ai apprécié sa gentillesse, mais j'étais encore trop malade pour vraiment penser à lui. Plus tard, cependant, j'ai réalisé que je voulais en savoir plus sur son compte. Dans les semaines qui ont suivi, j'ai tenté de l'approcher à la faculté. Il était poli mais plutôt distant. Un de mes amis qui le connaissait m'a dit que Walter me trouvait un peu trop portée sur la promiscuité.

J'étais si attirée par lui que j'ai refusé de lâcher prise. Ma persévérance a fini par porter ses fruits, puisque nous avons commencé à sortir ensemble. Deux ans plus tard, nous étions mariés. Il a été clair pendant longtemps que Walter ne voulait pas que nous parlions de notre première rencontre. Ça l'ennuyait de penser à tous ces hommes qui m'avaient possédée avant lui, et en public qui plus est. Au début, il ne me laissait même pas aborder le sujet.

Je tenais pour ma part à lui en parler parce ce que j'étais consciente qu'autrement, cela resterait toujours un problème entre nous. Je dois aussi admettre que je trouvais le souvenir de cette nuit très excitant et que je ne voulais pas garder tout ça pour moi. Je voulais lui faire partager ce plaisir et, surtout, je voulais qu'il sache que tous ces gens ne représentaient rien pour moi. Par ailleurs, il n'était pas sain pour lui d'éprouver ce ressentiment et de le refouler. Je savais que je devais trouver une façon de transformer ce sentiment négatif en sentiment positif.

J'ai attendu que le moment soit propice. C'est ainsi qu'une nuit, alors que nous faisions passionnément l'amour, j'ai subtilement abordé le sujet tabou. «Walter, ai-je murmuré, tu es le plus fantastique amoureux qui soit.» J'ai senti son ego s'allonger en même temps que son pénis. «Tu es le seul homme dont je me souvienne, en tant qu'individu, lorsque je reconstitue cette folle nuit d'orgie où nous nous sommes rencontrés.»

Walter semblait un peu mal à l'aise, alors j'ai continué. «Il y avait des mains tout autour de moi. Et plusieurs hommes m'avaient pénétrée puis s'étaient retirés. Mais ce n'est qu'en te sentant en moi que j'ai atteint l'orgasme.» Il est resté silencieux.

«Tout a changé à partir du moment où tu es entré dans cette pièce. Et quand tu m'as pénétrée, j'ai cru que deux hommes s'y étaient mis. Tu étais si gros, et si dur. Tu étais le meilleur.»

Pour la première fois, Walter m'avait permis de parler de cette histoire sans faire d'objections. Mais il n'a rien dit. Quelques nuits plus tard, j'en ai reparlé pendant que nous faisions l'amour. J'ai commencé par lui dire qu'il était un merveilleux amant. Puis, petit à petit, je me suis mise à décrire quelques-unes des sensations que j'avais éprouvées, tout en répétant que rien de tout cela ne pouvait être comparé à ce que j'avais ressenti grâce à lui. Il a écouté sans dire un mot pendant un moment, puis il a dit: «Je n'ai pas été si extraordinaire, pourtant!»

J'ai senti qu'il commençait à accepter l'idée et qu'à sa façon il m'encourageait même à continuer. Je pense qu'il se sentait plus rassuré au sujet de notre relation. Il devait lui paraître évident que je trouvais ces souvenirs stimulants, et il commençait à vouloir partager mon excitation. Je lui ai décrit simplement quelques-unes de mes prouesses de ce soir-là. Au fur et à mesure que je parlais, mes sensations augmentaient, et les siennes aussi. Nous avons joui ensemble pendant que je parlais.

Avec le temps, nous avons perdu un peu de nos inhibitions à ce sujet. Finalement, nous en sommes arrivés au stade où c'est lui qui me demande des détails. Il veut savoir ce que j'ai ressenti avec un pénis dans mon vagin et un autre dans ma bouche. Avec les années, nous avons agrémenté notre vie sexuelle en parlant de nos fantasmes. Parfois, quand il m'arrive d'être à court de souvenirs, j'en invente quelques-uns. Maintenant, je ne suis plus vraiment certaine que telle ou telle chose s'est réellement passée ou si elle est issue de mon imagination. Tout ce que je sais, c'est que fantasmer ensemble au sujet de cette orgie est devenu pour nous le meilleur des aphrodisiaques. Tout cela contribue à garder heureuse et saine notre vie sexuelle.

À mon avis, un livre comme le vôtre peut aider beaucoup de couples. Je ne dis pas cela uniquement en tant que médecin, mais aussi en tant que femme sexuellement comblée. Voilà ce que mon Walter m'a autorisée à vous dire à ce sujet.

14

Du fantasme à la réalité

Il serait impensable, pour la plupart des couples que nous avons rencontrés, de réaliser véritablement leurs fantasmes. Le côté le plus positif des fantasmes n'est-il pas justement de permettre aux gens de vivre en imagination des expériences qu'ils ne pourraient vivre en réalité? C'est pour cette raison que les couples tendent à fantasmer sur ce qui leur paraît impossible.

Mais, par ailleurs, plus une idée nous devient familière, plus elle perd de son étrangeté. Même les expériences imaginaires peuvent avoir cet effet. Après avoir vu des films comme *E.T.* ou *Cocoon,* par exemple, la visite d'extra-terrestres ne nous apparaît plus comme aussi farfelue. De la même façon, après une longue répétition d'expériences sexuelles imaginaires, certains couples trouvent que la barrière qui les sépare de la réalité n'est plus aussi infranchissable. L'étape suivante consiste pour eux à mettre à exécution ce qu'ils s'étaient contentés jusque-là d'imaginer.

Ces couples-là sont minoritaires et leurs expériences prennent bien souvent une tournure dramatique. Tenter de vivre réellement des fantasmes érotiques que l'on n'a jusque-là vécus que dans l'imaginaire semble diviser ceux qui en font l'expérience en deux catégories distinctes. Il y a ceux qui découvrent que la réalité est encore plus belle que le rêve et que le passage à l'acte rend leurs plaisirs plus intenses; et ceux qui ne trouvent que déception et amertume dans cette démarche.

Tous les personnages de ce chapitre ont éprouvé du plaisir à vivre en commun leurs fantasmes avec leur conjoint. Cependant, les résultats varient considérablement de l'un à l'autre lorsqu'il y a tentative de concrétisation de leurs fantasmes. Pour deux des trois groupes, ce jeu s'est avéré encore meilleur que tout ce qu'ils avaient imaginé. Un parfait enchaînement de circonstances a rendu possibles leurs rêves sexuels les plus fous. Les expériences agréables qu'ils ont vécues forment la substance de futurs fantasmes qu'il leur sera possible, à leur tour, d'actualiser en temps voulu. Pour d'autres couples, cependant, les résultats ont été désastreux.

MATHIEU ET PENNY

Steve:

Il y a quelques années, un grand magazine m'a demandé d'écrire une série d'articles sur le sexe et la loi. L'un de ces articles devait traiter de l'attitude des tribunaux de plusieurs États à l'égard des salons de massage. Pendant que je faisais mes recherches à la bibliothèque de droit, j'ai eu une conversation avec un groupe d'avocats. Après leur avoir parlé de ces articles, je leur ai demandé si l'un d'eux avait déjà fait l'expérience d'un salon de massage.

Mathieu, un avocat aguerri d'une cinquantaine d'années a souri. «Moi, a-t-il dit. Une seule fois. C'était un cadeau de ma femme.»

Tous les hommes présents ont manifesté leur curiosité, pressant Mathieu de raconter l'histoire. Après s'être fait prier un moment, il a obtempéré...

★★★★

J'ai épousé Penny il y a plus de vingt ans et aucun de nous deux n'a jamais été infidèle à l'autre. Je pense que c'est parce que nous avons toujours été prêts à nous livrer à des expériences sexuelles ensemble.

L'une de nos activités favorites consiste à nous faire des massages. Nous installons un petit matelas sur la table de la salle à manger et nous nous massons chacun notre tour. J'aime caresser son corps, toucher ses zones érogènes, puis m'en éloigner pour faire durer le plaisir. Je peux vous assurer qu'elle aime ça aussi.

Quand vient mon tour d'être massé, nous faisons comme si Penny travaillait dans un salon de massage où je ne serais qu'un client. Au début, elle s'arrange pour que le massage n'ait rien de sexuel, frottant mon dos, mes jambes et mon torse. Ce n'est pas une professionnelle, bien sûr, mais elle est plutôt douée. En général, j'entre en érection avant même qu'elle ne soit arrivée à la moitié du massage, mais elle l'ignore délibérément et continue de me frictionner. Puis, quand elle sent que je n'en peux plus, elle commence à me caresser le pénis. Je suis censé rester complètement passif, je ne dois pas la toucher, mais la laisser faire.

Il y a quelques mois de ça, pour mon anniversaire, Penny m'a annoncé qu'elle m'emmenait dîner dans le meilleur restaurant de la ville. Elle m'a dit avoir fait une réservation pour 20 h 30, mais qu'avant tout elle me réservait une surprise. Je lui ai demandé de quoi il s'agissait, mais elle m'a répondu que si elle me le disait ce ne serait plus une surprise.

Nous sommes montés dans la voiture et elle m'a conduit en banlieue. Ça nous a pris presque une heure et nous nous sommes retrouvés dans un coin que je ne connaissais pas. Penny semblait, en revanche, savoir où elle se rendait, et on s'est bientôt retrouvés dans une paisible rue résidentielle. Elle a garé la voiture devant une maison privée. «Nous y sommes. Entrons.»

Tandis que nous nous dirigions vers la porte, elle m'a dit: «C'est la maison de Crystal. Elle est masseuse professionnelle. J'ai tout arrangé pour que tu aies le meilleur massage de ta vie. Et je vais regarder, comme ça je pourrai sûrement apprendre quelques petits trucs du métier.» Elle a sonné et, plus doucement, a ajouté: «Et après le massage, il y a un festin d'anniversaire.»

Bientôt, la porte s'est ouverte sur une belle jeune femme vêtue d'un short et d'un minuscule corsage.

«Entrez, a-t-elle dit. Vous devez être le monsieur dont c'est l'anniversaire.»

Elle nous a conduits jusqu'à une pièce qui devait lui servir de lieu de travail. Les murs étaient blancs et c'était aussi propre qu'un hôpital. Au milieu de la pièce trônait une grosse table de bois au dessus rembourré que recouvrait un drap de lin blanc. Elle m'a désigné la table et m'a dit: «Déshabillez-vous et allongez-vous sur la table. Je reviens tout de suite.»

J'ai lancé un bref regard à Penny, puis à la fille. «Tous mes vêtements?

— Tout!», a répondu Crystal en quittant la pièce.

Penny a hoché la tête et m'a souri. «Comment veux-tu qu'on te masse tout habillé? Calme-toi, chéri. Tu vas beaucoup aimer cela.»

Je dois admettre que je me sentais un peu gêné de me déshabiller devant ma femme alors que nous savions tous deux que la jeune femme allait revenir. Mais j'ai fait ce qu'on me demandait et je me suis couché sur le ventre en couvrant précautionneusement mon derrière avec une serviette. Un moment après, la masseuse est revenue.

Elle est restée un moment à côté de la table, puis a retiré la serviette qui me couvrait. J'ai senti mon visage s'empourprer. Crystal a versé de l'huile sur ses paumes. Puis elle a commencé à en oindre mon dos et mes épaules avec des gestes étudiés.

J'ai su dès le premier contact que le massage allait être mémorable. Je me sens toujours bien quand on me touche, mais il y a une réelle différence quand c'est fait par un expert. Crystal m'a frotté et malaxé le dos et les jambes pendant au moins vingt minutes, couvrant chaque centimètre carré de peau d'une huile sensuelle et chaude.

À tous moments, le bout de ses doigts disparaissaient furtivement entre mes cuisses et effleuraient l'arrière de mon scrotum, ou bien ils passaient érotiquement sur la raie de mes fesses. Je me demandais si c'était accidentel ou bien si elle le faisait exprès. J'ai regardé Penny pour voir comment elle réagissait, mais elle semblait n'avoir même pas remarqué. Elle se contentait de regarder attentivement les endroits où la belle jeune femme me massait. J'étais très excité et je devais me contorsionner un peu pour empêcher mon pénis d'être trop comprimé. J'étais très embarrassé et j'espérais que Penny n'allait pas découvrir mon état.

Mais avant que j'aie eu le temps de penser sérieusement à ce problème, j'ai senti les mains de Crystal qui tentaient, gentiment mais fermement, de me retourner sur le dos. J'ai essayé de résister mais je ne l'aurais pu qu'en faisant un éclat. Alors je me suis laissé faire, malgré mon pénis qui se dressait maintenant comme un étendard. J'ai évité de regarder Penny pendant quelques secondes. Puis je l'ai entendue rire doucement et j'ai su que tout se passait bien. Quand je lui ai jeté un coup d'œil, elle a souri et m'a envoyé un baiser.

La fille a complètement ignoré mon érection et a poursuivi son terrible et très professionnel massage. Elle manipulait chacun de mes muscles séparément, me pétrissant les bras, les épaules et la poitrine. Quand elle a commencé à descendre vers le bas-ventre, mon pénis gonflé s'est mis à vibrer.

Ses doigts experts poursuivaient leur chemin vers mes cuisses, effleurant au passage mon pénis et mon scrotum. J'ai poussé un profond soupir, oubliant un instant la présence de ma femme. Puis j'ai de nouveau regardé dans sa direction. Elle souriait toujours. Je continuais à me demander si certains contacts avaient été délibérés ou accidentels. Tout ce dont j'étais sûr, c'est que mon pénis était dur comme un roc.

De ses doigts fermes, Crystal malaxait l'intérieur de mes cuisses, descendant vers les genoux, puis remontant vers l'aine. Il me semblait qu'elle se rapprochait de mes organes sexuels. J'aurais voulu gémir de volupté, mais ma femme était là; je ne savais comment réagir, alors j'ai savouré en silence.

Après quinze minutes de cette exquise torture, les mains de Crystal ont glissé vers le haut, droit sur mon entrejambes. Et soudain, elle a pris mes testicules dans une main, et mon pénis dans l'autre. Il était évident cette fois que le geste n'avait rien d'accidentel.

Stupéfait, j'ai commencé à me redresser en disant: «Hé! arrêtez. Ne faites pas ça. Je veux dire: stop! Peut-être ceci n'est-il pas...»

Penny s'est immédiatement levée. Elle a posé une main sur ma poitrine et m'a gentiment forcé à m'étendre de nouveau. «Tout va bien, Mathieu, m'a-t-elle dit. C'est le festin d'anniversaire dont je t'ai parlé tout à l'heure. Laisse-toi aller et apprécie la chose. Je passe un moment merveilleux. Ça ne me dérange pas le moins du monde.» Elle est retournée s'asseoir dans son fauteuil.

Ses paroles m'avaient enlevé toute hésitation. Je me suis recouché confortablement et me suis abandonné à cette fabuleuse sensation. Crystal connaissait vraiment son métier. Elle m'a caressé pendant un long moment, jusqu'à m'amener au bord de l'orgasme, puis s'arrêtait juste avant que je ne vienne. Je continuais de regarder Penny pour m'assurer qu'elle était toujours d'accord. Elle respirait lourdement et paraissait profiter de tout ça presque autant que moi.

C'est ce qu'il y avait de meilleur. Cette fille avait bien sûr un toucher extraordinaire, mais ce qui m'excitait le plus c'était le regard de ma femme. Non seulement elle ne s'opposait pas, mais elle appréciait réellement. C'était encore mieux que le fantasme. Nous le réalisions, ensemble.

À la fin, quand elle s'est rendu compte que je ne tiendrais plus longtemps, Crystal a décidé d'en finir. C'était fabuleux; j'avais l'impression qu'elle touchait toutes mes parties sexuelles en même temps. Une de ses mains glissait sensuellement de bas en haut le long de mon pénis pendant qu'elle en chatouillait le bout d'une main et de l'autre jouait avec mon scrotum.

«Je vais jouir, ai-je bafouillé en regardant ma femme comme si j'attendais sa permission.

— Oui, m'a lancé Penny dans un souffle rauque. Je veux te voir jouir.»

Elle est restée assise là, à regarder monter mon orgasme. Je pense que j'ai fermé les yeux quand c'est arrivé. Quand je les ai rouverts, Penny était là qui me regardait en souriant. Pendant que Crystal me nettoyait avec une serviette chaude, Penny m'a embrassé sur la bouche et m'a dit: «Joyeux anniversaire!»

Plus tard, pendant le dîner, nous en avons reparlé. Elle m'a dit combien ça l'avait excitée de regarder cette jeune femme me caresser et me donner du plaisir. Je lui ai raconté à quel point c'était bon, et combien je trouvais excitant de savoir qu'elle avait tout préparé et tout observé. D'en parler nous a mis dans un tel état que nous avons dû nous ruer à la maison pour faire l'amour comme un jeune couple.

Nous en avons depuis lors beaucoup reparlé. Et ce souvenir a toujours le même effet stimulant. Et, vous savez, j'attends avec impatience l'anniversaire de Penny.

SCOTT ET LINDA

Iris:

Quand Steve et moi sommes arrivés dans la région de San Diego, nous écrivions des romans érotiques pour une maison d'édition. À la recherche d'un endroit calme pour vivre et pour travailler, nous avons loué un chalet rustique à environ 70 kilomètres de San Diego, dans ce que les habitants de cette ville appellent l'arrière-pays. Notre chalet était l'une des deux maisons bâties au milieu d'un ranch d'une quinzaine d'hectares. L'autre avait été louée par Scott et Linda, un jeune couple du Midwest récemment marié. Scott était dans la marine; son bateau était basé à San Diego.

Hormis quelques relations de voisinage, nous étions trop occupés pour voir fréquemment Scott et Linda. Ils étaient fascinés de savoir que nous écrivions des romans érotiques et, à chacune de leurs rares visites, nous bombardaient de questions sur notre travail. Ils nous tenaient en haute estime, apparemment persuadés que, pour écrire sur le sexe, nous devions savoir tout ce qu'il est possible de connaître sur le sujet.

Un après-midi, alors que j'étais seule à la maison, Scott s'est amené pour bavarder. Il a parlé du temps pendant quelques minutes, mais son esprit était visiblement ailleurs. Finalement, dans un flot de paroles, il s'est confié à moi. «J'aimerais te parler de quelque chose. J'ai besoin d'en discuter et je pense que je ne pourrais en parler avec personne d'autre que toi.» Puis baissant la voix. «Ça nous concerne, Linda et moi. Et aussi le sexe...»

****

Linda et moi étions mariés depuis peu quand j'ai été muté ici. On a loué ce chalet parce qu'on trouvait San Diego trop grand pour nous. Nous nous sentions plus chez nous dans ce coin. On a grandi dans une petite ville et on s'est connus au collège. J'étais son premier petit ami et elle était ma première petite amie. Dans notre ville, les jeunes de notre âge n'étaient pas censés en savoir beaucoup sur le sexe. Tout baiser, même pour dire au revoir, était considéré comme déplacé avant le troisième rendez-vous. Nous étions vraiment naïfs quand nous nous sommes mariés.

Les premiers mois de notre mariage, nous étions maladroits, empotés. Nous découvrions des choses que les gamins des villes apprennent sans doute beaucoup plus tôt. Quoi qu'il en soit, après quelque temps, nous sommes devenus plus à l'aise, et nous avons essayé de nouvelles positions, de nouvelles idées. On s'amusait à toutes sortes de jeux. Un jour, j'ai pris des photos de Linda nue, avec un polaroïd.

J'adorais emporter ces photos lors de mes déplacements. Je les ai même montrées à certains de mes camarades sur le navire. La plupart des gars avec qui je naviguais à l'époque n'étaient pas encore mariés. Ils avaient l'habitude de plaisanter au sujet des séances de sexe que je devais me payer. J'aimais ça. Je pense que montrer ces photos était pour moi une façon de me faire valoir. Maintenant, je me rends compte à quel point c'était un jeu puéril.

Enfin, à cette époque, j'aimais que les gars me disent à quel point ils trouvaient Linda belle. J'estimais que j'avais de la chance et je prenais chacun de leurs propos lubriques au sujet de ma femme comme un compliment personnel. Je me disais qu'on me félicitait d'avoir une femme assez délurée pour poser nue. J'étais loin de me douter, quand ils m'en parlaient, à quel point ils auraient aimé poser leurs mains sur son corps. Maintenant je sais que, d'une certaine façon, je les y encourageais.

Mon copain le plus proche en ce temps-là se nommait Moïse. Jamais je n'ai connu un homme qui portait plus mal son nom. Il était bâti comme King Kong et était fort comme un gorille. Il n'y avait pas un gars sur le navire que sa carrure n'incitait au respect. Je l'enviais. Probablement parce que j'ai toujours été mince et pas très costaud.

Moïse prenait réellement son pied à regarder les photos de ma femme. Il me demandait de les lui montrer à tout bout de champ et il avait l'œil exorbité chaque fois qu'il les regardait. Moïse était du type d'individu à se sentir libre de dire tout ce qui lui passait par la tête. Un jour, alors qu'il regardait les clichés, il a passé sa langue sur ses lèvres et m'a dit: «Bon sang! Qu'est-ce que j'aimerais la baiser.»

Ce soir-là, j'ai répété à Linda ce qu'il avait dit, et j'ai pu voir que ça lui faisait beaucoup d'effet. Elle a pris ma main et l'a glissée entre ses cuisses pour me montrer à quel point c'était humide. De constater que mes mots pouvaient la plonger dans une telle excitation me donnait des frissons. Le fait qu'elle pensait à Moïse ne m'ennuyait pas le moins du monde, car c'étaient mes mots qui lui faisaient cet effet.

J'ai longuement insisté sur les mensurations de Moïse. La pénétrant avec trois doigts, je lui ai dit que c'était le pénis de Moïse. Elle a joui avant qu'on ait eu le temps de commencer quoi que ce soit. Ensuite, elle s'est occupée de moi, et c'était grandiose. J'ai senti que je venais de découvrir une merveilleuse façon de faire l'amour.

Après ça, nous avons recommencé ce petit jeu à plusieurs reprises. Une fois au lit, je parlais de Moïse tout en la caressant et en jouant avec son corps. Ça nous excitait toujours, moi encore plus qu'elle. Habituellement, ses orgasmes étaient si forts qu'elle me récompensait aussitôt après en me faisant un tas de bonnes choses. J'appréciais ce jeu de fantasmes plus qu'aucun autre jeu. Mais j'aurais dû m'en tenir là.

Un jour que j'avais des problèmes avec ma voiture, Moïse a proposé de me ramener à la maison. Nous avons acheté de l'alcool et bu dans la voiture pendant le trajet. Quand on est arrivés, on était déjà bien imbibés, mais on a continué à boire. J'aurais dû savoir qu'il ne fallait pas que je boive comme ça, et je n'aurais jamais dû laisser boire Linda non plus. En un rien de temps, nous étions saouls comme des cochons.

Moïse flirtait avec Linda, et je crois même l'avoir vu lui caresser les fesses. Linda ne disait rien, c'est pour ça que je n'étais pas tout à fait certain d'avoir bien vu. Et ne pas en être sûr avait quelque chose d'excitant. Je me souvenais de nos fantasmes, à Linda et à moi, et dans mon brouillard alcoolisé, je commençais à mélanger le rêve et la réalité.

Quand Moïse a quitté la pièce, Linda est venue s'asseoir sur mes genoux et s'est mise à se frotter contre moi. Je commençais à bander dur mais, plus que tout, je voulais montrer à Moïse quel grand homme j'étais. Je voulais qu'il voie ma petite femme sexy faire tout ce que je voulais.

Alors, quand il est revenu, je lui ai dit de s'approcher et j'ai demandé à Linda de s'occuper de lui. Il s'est planté devant elle. Je ne pensais pas sérieusement que Linda allait faire quelque chose. Mais à ma grande surprise, elle s'est mise à le caresser à travers son pantalon. Puis, avant que j'aie réalisé ce qui se passait, elle avait ouvert sa braguette et sorti son sexe.

Le pénis de Moïse était environ deux fois plus gros que le mien, et j'ai commencé à me sentir mal à l'aise presque immédiatement. Cette sensation est carrément devenue atroce quand j'ai vu Linda se saisir de son sexe et se mettre à le caresser. Mon sang s'est glacé et j'ai commencé à avoir mal au ventre. Je voulais leur dire d'arrêter, mais j'avais honte. Après tout, c'est moi qui avais commencé toute cette connerie.

J'ai pensé que ça n'irait pas plus loin, mais il a entrepris de la déshabiller. Un instant plus tard, ses seins étaient à l'air et il les touchait, les triturait. C'était une chose de lui montrer des photos de ma femme, mais c'en était une autre de la voir à moitié nue devant lui. En voyant les doigts de Moïse jouer avec ses mamelons, je me suis senti défaillir. Je me suis levé pour mettre fin à tout ça, mais je n'ai pas pu. J'avais le sentiment étrange que je passerais pour une chiffe molle si je faisais l'aveu de ce que je ressentais. Et je me sentais si mal qu'il a fallu que je quitte la pièce.

Je me suis rué dans la salle de bain où j'ai dégueulé tout ce que j'ai pu. C'était moins à cause de ce que j'avais bu qu'à cause de ce que je venais de voir. Je suis resté là, sans rien dire. J'avais des haut-le-cœur, je suffoquais, puis j'ai décidé de mettre fin à tout ça. Mais quand je suis revenu dans le salon, il était trop tard.

Moïse était debout, tenant les fesses de Linda. Ses jambes à elle étaient nouées autour de la taille de Moïse dont la queue était profondément enfoncée en elle. À la vue de ce spectacle, j'ai failli hurler, mais je suis resté figé sur le pas de la porte, paralysé de terreur et incapable de mettre un terme à tout cela. Je me rappelle avoir pensé que ça resterait à peu près supportable aussi longtemps qu'ils ne jouiraient pas, mais dans la seconde qui a suivi, ils poussaient tous les deux des cris et des gémissements annonciateurs de jouissance.

Je suis instantanément redevenu malade à la seule pensée de son sperme giclant dans son vagin. Linda faisait ça avec tant de conviction que je savais que l'ampleur de son orgasme dépassait en intensité tout ce que j'aurais été capable de lui donner. Le pénis de Moïse était tellement plus gros et plus fort que le mien. Je n'avais jamais baisé Linda dans cette position. Je n'ai pas vraiment la force physique pour le faire. Et la queue de Moïse est tellement plus longue que la mienne que je suis certain de ne jamais l'avoir pénétrée si profondément.

Quand ces pensées me sont venues, j'ai su que ce ne serait plus jamais la même chose entre Linda et moi. Je ne pouvais pas rester une minute de plus dans cette pièce, il fallait que je sorte. Je ne supportais plus de les voir. Je suis retourné dans la salle de bain et j'y suis resté aussi longtemps que j'ai pu. Quand j'en suis enfin sorti, Moïse partait et je me suis retrouvé seul avec Linda. Je ne me suis jamais senti si troublé de toute ma vie. Je ne pouvais pas la regarder. Je ne pouvais même plus lui parler.

Quand nous sommes allés nous coucher, je n'avais toujours pas ouvert la bouche. Quant à Linda, elle s'était naturellement follement amusée et voulait me raconter. Mais chacun de ses mots ne faisait, à mes yeux, qu'aggraver les choses. Finalement, je lui ai dit de se taire et je me suis retourné, prétextant mon envie de dormir. Mais je n'ai pas pu dormir. J'ai pleuré pendant des heures.

Je sais maintenant que j'ai commis la plus grave erreur de toute ma vie en amenant Linda à vivre ce fantasme. Nous en avons parlé, et elle comprend ce que je ressens, mais au fond, je sais qu'elle a vraiment aimé ça et qu'elle aimerait que ça se reproduise de temps en temps. Je ne sais pas si j'arriverai à surmonter tout cela.

KELLY ET ÉRIC

Iris:

Kelly est notre agente de voyages depuis dix ans. Durant toutes ces années, elle nous a aidés à organiser les déplacements de Steve lorsqu'il part faire une tournée de conférences mais aussi, quelquefois, à préparer nos vacances. Comme beaucoup de gens qui travaillent dans ce milieu, Kelly adore voyager. Nous avons toujours des conversations très agréables au sujet de ses expériences de voyage.

Récemment, en allant la voir au sujet d'un billet d'avion, je lui ai parlé de ce livre que Steve et moi écrivons. Elle a alors affiché un de ces sourires qui ne m'a pas laissé d'autre choix que de lui demander si elle ou son mari, Éric, ne pourrait pas contribuer à notre recherche en nous racontant un de leurs fantasmes. Pendant un moment, elle a paru embarrassée. Puis son grand sourire est revenu.

«Je n'ai jamais raconté cela à personne, m'a-t-elle dit, et tu vas probablement mettre cette histoire dans ton livre, mais tant pis. C'est une histoire si extraordinaire que je ne peux pas résister à l'envie de tout te dire...»

* * * *

Éric et moi avons toujours eu une vie sexuelle satisfaisante. Il nous arrive de rester des fins de semaine entières au lit à faire l'amour. On appelle ça nos marathons. Quand on prévoit d'en faire un, on loue cinq ou six films porno qu'on regarde sur notre magnétoscope afin de nous garder à la bonne température.

Ceux que nous préférons comportent des scènes où un couple fait l'amour à une autre femme. On est prêts à faire un détour pour trouver des films comme ça parce que ça nous excite beaucoup. Alors, on reste au lit à regarder ces scènes et à jouer ensemble. Pendant qu'Éric me caresse et me cajole tout le corps, on imagine qu'une autre femme est avec nous et qu'elle aussi me pelote et me caresse. Quelquefois, on fait comme si c'était une femme sortie du film que nous regardons.

Ça m'excite vraiment parce que je me suis toujours demandé ce que j'éprouverais si une autre femme me faisait l'amour. Et avec Éric qui me ferait des choses en même temps, ce serait encore meilleur. C'est un de nos grands fantasmes. Parfois, Éric prend l'initiative et me raconte tout ce qui se passe. D'autres fois, c'est moi. Ça nous met invariablement dans tous nos états. Il arrive qu'en jouant à ça, j'aie trois ou quatre orgasmes à la suite. Éric adore ça.

Je ne pense pas que l'un de nous ait jamais sérieusement imaginé de faire une chose pareille pour de vrai. Ne serait-ce que parce que nous n'aurions pas su où trouver quelqu'un avec qui le faire. Ça ne pouvait en aucun cas être quelqu'un que nous connaissions. Comment aurions-nous pu encore la fréquenter après une chose pareille? Et si on ne la connaissait pas, quelle garantie aurions-nous qu'elle n'irait pas ensuite raconter ça à tout le monde? Qu'elle ne nous ferait pas chanter, ou quelque chose de ce genre?

Et puis, il y a trois ans, nous avons fait un voyage en Europe. Nous avons visité Amsterdam. Tous les gens qui travaillent dans le tourisme sont d'accord pour dire qu'on n'a pas vraiment vu Amsterdam aussi longtemps qu'on n'a pas visité le quartier aux lumières rouges. Alors on y est allés, un soir. Ce n'était pas difficile à trouver. Eh bien! il faut que je te le dise: je n'avais jamais vu une chose pareille!

Aux États-Unis, la prostitution est une chose que l'on cache généralement derrière des portes closes, mais pas à Amsterdam. Le quartier des lumières rouges est spécialement réservé à la prostitution et aux plaisirs érotiques. Les femmes qui travaillent là se tiennent assises derrière des vitrines. Vêtues de déshabillés sexy, elles invitent les hommes qui passent à entrer leur rendre visite. Un homme qui cherche à s'envoyer en l'air n'a qu'à faire les vitrines jusqu'à ce qu'il trouve une femme qui lui plaise. C'est aussi simple et aussi direct que ça.

Pour moi, c'était absolument fascinant. Il y avait là tous les types de femmes. Certaines se donnaient l'air d'innocentes jeunes filles, coiffées de nattes et vêtues de shorts ou de maillots de bain. D'autres étaient ouvertement provocantes et s'exhibaient en sous-vêtements minuscules. Celles qui m'intéressaient le plus étaient celles qui avaient une allure très B.C.B.G. Elles portaient des tailleurs classiques ou bien des déshabillés élégants.

Les pièces étaient très petites — tout juste la place pour un lit et une chaise. Mais elles étaient en ordre et paraissaient propres. Il y avait, dans certaines de ces pièces, des lampes assez fortes qui permettaient au client de bien voir la marchandise. D'autres n'étaient éclairées que par une chandelle afin de susciter un sentiment de romantisme. Toutes possédaient sur leur devanture une enseigne rouge qui était allumée quand la femme était libre, éteinte quand elle était occupée.

On s'est promenés là-dedans pendant environ un heure, montant et descendant les ruelles étroites et regardant chacune des vitrines. Parfois, je me sentais un peu gênée d'être là. À un certain moment, je suis tombée en arrêt devant une femme. Elle était vraiment jolie, avec ses cheveux blonds et son teint de pêche. Elle portait une longue chemise de nuit de satin blanc qui moulait sa large poitrine et caressait ses cuisses et ses hanches.

Soudain, alors que je la regardais, elle m'a souri et m'a fait un clin d'œil. Puis, ouvrant la bouche, elle a pointé sa langue vers moi et l'a faite aller de haut en bas. J'ai pensé qu'elle se moquait de moi parce que je l'observais. J'ai agrippé le bras d'Éric et nous nous sommes tout de suite éloignés.

Éric riait. «Tu lui plaisais. Elle voulait que tu rentres.»

Au début, j'ai pensé qu'il était idiot. Il ne m'était jamais venu à l'idée que ces femmes derrière les vitrines puissent aussi offrir leurs services à des femmes. Mais plus j'y réfléchissais, plus ça me semblait probable. Et c'était une idée délicieusement excitante.

Cette nuit-là, couchée dans mon lit sans trouver le sommeil, j'ai pensé au quartier des lumières rouges. C'était l'un des endroits les plus originaux que j'avais jamais visités. J'ai décidé d'y retourner le lendemain. C'était notre dernier jour à Amsterdam.

Quand j'en ai parlé à Éric, au petit déjeuner, il était tout à fait d'accord. Le soir, on s'est dirigés de nouveau vers le quartier du sexe. Je ne recherchais pas précisément la belle blonde de la veille mais, de temps en temps, il me semblait l'apercevoir dans l'une des vitrines. Mais à chaque fois, c'était une erreur. En voyant une fille blonde, j'ai demandé à Éric: «Est-ce que ça ne serait pas la fille qui m'a fait un clin d'œil hier?

— Non, a-t-il répondu. Elle était un peu plus loin.»

Les rues et les allées étaient si tortueuses et si compliquées que je doutais qu'Éric se souvienne de l'endroit. Et de toute façon, je n'avais pas particulièrement envie de revoir la fille. Mais, soudain, j'ai levé les yeux et elle était là qui me souriait, assise sur sa chaise derrière la fenêtre. Je l'ai reconnue à la seconde où je l'ai vue. Elle portait la même chemise de nuit de satin blanc. Elle m'a regardée droit dans les yeux et m'a fait un petit signe invitant de la main.

Sans même réfléchir, je me suis tournée vers Éric et je lui ai dit: «Faisons-le.» En fait, tout ce qui est sorti de ma bouche, c'est un soupir rauque, mais Éric a très bien compris et m'a prise par la main. Quelques instants plus tard, on a ouvert une porte et pénétré dans une jolie petite chambre.

La femme s'est immédiatement levée et a baissé les stores. «Je m'appelle Greta. En quoi puis-je vous être agréable?» Elle parlait parfaitement anglais et avait même un accent britannique.

«Vous pouvez lui faire plaisir, a répondu Éric en me désignant.

— Et vous voulez regarder? a-t-elle demandé sur un ton prosaïque.

— Je veux aider.»

Greta m'a regardée puis, s'adressant de nouveau à Éric: «Alors, le plaisir que je vais donner sera uniquement destiné à votre amie?

— C'est ma femme, Kelly», a-t-il dit.

La voix d'Éric était tendue et je n'arrivais même pas, pour ma part, à me concentrer sur ce qui se passait.

Mais Greta se comportait en vraie professionnelle. Après avoir pris connaissance de ce que nous voulions, elle s'est fait payer immédiatement. «Ça fera 75 florins. J'accepte les chèques de voyage.»

Greta a fait disparaître l'argent qu'Éric lui a tendu, puis elle a enlevé sa chemise de nuit. Je suis restée là, à la fixer.

Ses seins étaient gros et ronds. Les poils de son pubis étaient beaucoup plus sombres que ses cheveux. Je ne savais pas quoi faire.

Se tournant vers Éric, Greta a demandé: «Vous voulez enlever vos vêtements?»

Après m'avoir jeté un bref coup d'œil, Éric a répondu: «Non, je crois que je vais les garder pour le moment.»

Greta s'est dirigée vers moi. Ses seins se balançaient doucement. Toujours engourdie, je les regardais, fixant leurs pointes noires. Sans un mot, elle a commencé à déboutonner mon chemisier et à le tirer hors de mon pantalon. Après l'avoir enlevé, elle a dégrafé et ôté mon soutien-gorge. J'avais le souffle coupé. Je ne me souvenais pas avoir déjà atteint un tel degré d'excitation.

Pendant un moment, Greta a caressé mes seins et mes mamelons, qui sont devenus aussi durs que les siens. Elle les a fait rouler entre ses doigts jusqu'à ce que mon corps entier vibre d'excitation. Puis, prenant mes mains, elle les a mises sur sa poitrine. C'était la première fois de ma vie que je touchais le corps nu d'une femme. Je ne peux même pas essayer de décrire cette sensation. Il ne fait aucun doute qu'elle n'était pas totalement étrangère à la présence de mon mari.

On est restées debout pendant un moment à se caresser les seins. Greta a alors repris ma main et l'a guidée vers son pubis. Au début, je l'ai simplement laissée là où elle l'avait posée. Puis, j'ai commencé à explorer. J'ai promené mes doigts dans les boucles soyeuses. Après un moment, j'ai touché sa fente humide. Elle a avancé son pelvis doucement et, sans même que je m'en rende compte, le bout de mon doigt est entré en elle.

J'étais tout étourdie par l'érotisme de cet instant. J'avais l'impression que rien de tout cela n'était vrai. C'était plutôt comme un rêve. Je croyais que j'allais me réveiller d'un instant à l'autre.

Pendant que j'explorais son vagin, Greta a fini de me déshabiller, baissant mes pantalons et ma culotte et les laissant tomber à terre. Elle a ensuite touché mon vagin de la même façon que je touchais le sien, si ce n'est qu'elle le faisait mieux que moi. J'avais l'impression que ses doigts étaient à la fois hors de moi et en moi, cajolant mon clitoris, taquinant mes lèvres, caressant ma toison, me rendant folle. J'ai jeté un œil vers Éric et j'ai vu qu'il nous regardait attentivement. Le devant de son pantalon était déformé par son érection.

D'une voix rocailleuse, Greta m'a dit: «Kelly, pourquoi ne te couches-tu pas sur le lit? Ton mari pourrait s'en approcher et, de cette façon, il serait avec nous.»

Elle m'a guidée vers le lit et m'a aidée à m'allonger sur le dos. Doucement, elle a écarté mes genoux et mes cuisses avec ses mains. Mon sexe était grand ouvert. Elle l'a légèrement caressé de ses doigts jusqu'à ce qu'il soit recouvert de liquide. Puis elle s'est mise à le lécher lentement avec le bout de sa langue.

Éric s'est penché sur le lit et a pris mes seins dans ses mains. C'était encore meilleur que dans le plus fou de mes fantasmes. Les doigts de mon mari jouaient avec mes mamelons pendant que la langue de Greta explorait ma fente. Je regardais vers le bas pour voir sa bouche de femme s'activer savamment à me donner du plaisir. Je ne pouvais toujours pas croire ce qui se passait. J'ai touché la tête et les oreilles de Greta, juste pour m'assurer qu'elle était vraiment là.

Je voulais que cette expérience à trois soit la plus complète possible, alors j'ai ouvert le pantalon d'Éric et j'en ai sorti son pénis. Il était plus gros et plus dur que dans aucun de mes souvenirs. J'ai regardé Greta au moment où elle levait les yeux. J'étais heureuse. Je voulais qu'elle voie combien le sexe de mon mari était dur et rigide. Elle a continué à me lécher tout en le fixant.

J'ai commencé à caresser avec ferveur le pénis d'Éric. Je pense que, d'une certaine façon, je voulais le montrer à Greta. J'aimais qu'elle le regarde pendant que je le massais. Je le masturbais, le sentant palpiter au creux de ma main, tout en faisant rouler mes hanches pour coller davantage ma chatte contre la bouche de Greta.

La petite chambre était remplie du bruit mouillé de sa langue qui plongeait tout au fond de moi. Je savais que j'étais à une seconde de l'orgasme et je voulais qu'Éric jouisse avec moi. J'ai commencé à gémir pour qu'il sente que ça approchait. J'ai pressé plus fort et plus fermement son pénis. Je le sentais devenir humide à mesure que des gouttelettes de liquide s'échappaient de son gland. Nous étions au bord de la jouissance.

Éric a crié et s'est mis à éjaculer. Le premier jet de sperme a giclé sur ma poitrine. Au même moment, la langue de Greta s'est plaquée contre mon clitoris, et mon orgasme a explosé. J'ai continué à masturber Éric, aspergeant tout mon corps de son sperme, pendant que mon jus se déversait dans la bouche gourmande de Greta. Elle a continué de me lécher jusqu'à ce que je défaille presque, tandis que le pénis mollissant d'Éric se rétractait dans ma main refermée.

Greta a tendrement embrassé mon sexe et m'a dit: «J'ai aimé ça! Vous aussi, j'espère.» Elle s'est levée et a remis sa chemise de nuit.

Je me suis rhabillée et me suis donné un coup de peigne pendant qu'Éric remettait de l'ordre dans ses vêtements. Greta nous a remerciés et nous a souhaité un beau voyage. Quand nous sommes sortis, elle a rouvert le rideau et rallumé la lampe rouge.

C'est la plus érotique des expériences que j'ai eues dans ma vie. Et je sais que c'est la même chose pour Éric. À aucun moment Greta ne nous a fait nous sentir mal à l'aise. Tout semblait parfaitement naturel. Peut-être est-ce le fait d'être si loin de la maison et d'être sûrs de ne jamais la revoir qui nous a gardés de toute sensation de menace.

Depuis lors, nos fantasmes à trois sont plus excitants que jamais. Nous avons vécu le rêve que nous partagions depuis si longtemps. Maintenant, chaque fois que nous imaginons une troisième personne dans notre lit, c'est évidemment de Greta qu'il s'agit. Quand Éric me raconte les choses qu'elle me fait, je peux les voir et les sentir. C'est beaucoup plus qu'un fantasme, c'est un souvenir. Nous avons ramené un merveilleux souvenir d'Amsterdam: Greta.

15

Créez vos fantasmes

Les fantasmes érotiques décrits dans ce livre sont aussi différents que les couples qui les vivent. Certains s'amusent à créer des situations qu'ils sont à peu près certains de ne jamais vivre, d'autres tirent un certain plaisir à évoquer des événements qui se sont déjà produits ou qui pourraient se produire. D'autres encore — comme les partenaires qui imaginent qu'ils sont les témoins d'une orgie se déroulant dans un club privé — inventent des situations très scabreuses. D'autres enfin — comme ceux qui rêvent de faire l'amour sur un terrain de golf— préfèrent les fantasmes qui s'éloignent très peu de leur réalité. Mais ce que ces fantasmes ont en commun, c'est qu'ils aident à enrichir la vie sexuelle des couples.

Vous et votre partenaire pouvez bénéficier du plaisir que génèrent la création et la mise en œuvre de fantasmes érotiques. Si vous ne l'avez pas encore fait, il est grand temps de vous y mettre. Le fait que vous ayez lu ce livre d'un bout à l'autre signifie que l'idée ne vous déplaît pas. Si votre partenaire a lui aussi lu ce livre, ou est en train de le lire, l'idée doit lui plaire à lui aussi. Vous avez probablement envie d'essayer, mais vous ignorez comment vous y prendre. Ne vous inquiétez pas, tout est beaucoup plus facile que vous ne le croyez.

La première étape consiste à évaluer le rôle que les fantasmes jouent déjà dans votre vie. Même si le passage à l'âge adulte nous apprend que le rêve fait partie du monde de l'enfance et que les adultes sont censés vivre dans la réalité, il n'en demeure pas moins que tout le monde fantasme. Un fantasme n'est rien d'autre qu'une image que vous voyez dans votre tête. Si vous fermez les yeux et voyez la tour Eiffel, vous fantasmez.

La plupart des choses que vous faites ne s'accompliraient jamais si, au départ, vous ne les imaginiez pas. «Imagination» est synonyme de «fantasme». Lorsque vous planifiez vos vacances, vous *imaginez* une semaine à la montagne, ou un mois au bord de la mer. Si vous discutez de ces projets avec votre épouse, vous partagez un fantasme.

Bon nombre de nos fantasmes sont sexuels. Avant de faire l'amour, nous fantasmons, nous imaginons des choses — parfois pendant des heures, parfois pendant quelques instants seulement. Comme le développement de notre sexualité s'est effectué différemment pour chacun de nous, nous avons tous des fantasmes différents.

En vous livrant à des expériences, vous découvrirez quels types de fantasmes vous stimulent le plus, et quels sont ceux qui stimulent le plus votre partenaire. Ne vous attendez pas à ce qu'ils soient identiques; ce serait aussi extraordinaire que de trouver deux individus ayant les mêmes empreintes digitales. À force de pratique cependant, vous pourrez combiner des éléments afin de créer un fantasme commun qui vous fera atteindre de nouveaux sommets dans la passion et l'excitation.

Certains des éléments communs aux fantasmes sexuels décrits dans ce livre vous fourniront le matériel de base. Vous et votre partenaire construirez vos fantasmes érotiques en vous fondant sur une expérience particulière que vous avez connue ensemble, ou même sur une expérience que vous avez vécue sans votre partenaire. Si vous aimez les livres érotiques et les films porno, vous pourrez improviser sur des scènes qui vous stimulent particulièrement. Vous vous apercevrez alors bien souvent que vous avez tous deux des pensées sexuelles lorsque vous vous livrez à certaines activités non sexuelles — comme jouer au golf, ou vous inscrire à la réception d'un hôtel. Si tel est le cas, vous pouvez utiliser ces pensées comme le fondement de vos futurs fantasmes érotiques.

Nombreuses sont les activités qui sont meilleures dans le fantasme qu'elles ne le seraient dans la réalité. Il est merveilleux d'imaginer qu'on est en train de se promener dans la jungle amazonienne, et cela en dépit du fait qu'un tel voyage, si on le faisait vraiment, nous obligerait à affronter des insectes voraces et la malaria. De la même façon, il existe de nombreuses activités auxquelles vous et votre conjoint n'aimeriez pas vous livrer, mais sur lesquelles vous pouvez néanmoins fantasmer.

Ceci revient à dire qu'un fantasme ne doit pas forcément être réalisé. Il est plus que probable que si vous et votre partenaire essayiez réellement de faire l'amour dans un endroit public, vous seriez si embarrassés que cela ferait disparaître en vous tout désir. En dépit de cela, vous pouvez parfaitement être très excités en imaginant que vous faites l'amour devant des milliers de personnes massées dans le stade des Yankees de New York. Si c'est le cas, vous éprouverez du plaisir et de l'excitation sans connaître la honte. Beaucoup de couples qui se sont confiés à nous nous ont affirmé qu'ils ne s'imaginaient pas du tout en train de vivre réellement les situations sur lesquelles ils fantasment. Toutefois, cela ne les empêche pas de continuer à exploiter ces fantasmes.

Partager ses fantasmes est une aventure risquée et, pour réussir, l'entreprise exige un minimum de collaboration. Il est possible qu'il faille un peu de témérité pour se lancer dans une entreprise de ce genre, mais vous déciderez probablement que ça en vaut la peine. Certaines des personnes que nous avons interrogées nous ont avoué avoir craint, au début, que leur partenaire refuse de les suivre dans leurs envolées érotiques imaginaires. À la longue, cependant, tous ont trouvé en leur conjoint un collaborateur déterminé.

Il se peut que vous mettiez déjà vos fantasmes en commun. Il se peut aussi que, ensemble, vous laissiez tomber ce livre pour vous dire: «Essayons ça!» Si tel est le cas, le reste est facile. Sinon, vous pouvez prendre les dispositions nécessaires pour vous faciliter les choses. Vous découvrirez peut-être que votre partenaire a une imagination plus flexible et plus complexe que vous ne le pensiez.

Si la mise en commun des vos fantasmes est pour vous une nouvelle expérience, il vaudrait mieux commencer par quelque chose de simple et de sûr. Après avoir exploré les pensées secrètes de votre partenaire, vous pourriez en arriver à créer des fantasmes si fous et si fantaisistes que vous n'oseriez même pas nous les raconter. Au début, limitez-vous à ce que vous connaissez déjà de votre conjoint.

Pensez à une expérience que vous avez eue en commun et dont le souvenir vous est agréable à l'un comme à l'autre. Parlez-en quand vous vous sentez bien disposés. Si le fait d'en parler vous excite encore plus, continuez, et si cette agréable sensation se poursuit, enjolivez l'histoire avec des détails qui la rendront encore plus excitante. Peu importe lequel de vous deux est en train de parler: le partage du fantasme vient de commencer.

Il faut éviter de faire quoi que ce soit qui puisse mettre l'autre dans l'embarras. Certains des couples de ce livre se disent des mots qu'ils n'utiliseraient jamais en dehors de leur chambre. D'autres sont plus conservateurs, même dans les secrets qu'ils se murmurent dans l'alcôve. Quand vous faites des descriptions, soyez aussi grivois ou aussi poétiques que vous le désirez. Personne d'autre ne vous écoute.

Avec le temps, vous verrez que la conversation la plus banale peut mener à l'élaboration d'un fantasme. Un homme qui dit à sa femme que sa robe est superbe peut ajouter qu'il se glisserait volontiers en dessous pour lui faire des choses. Une femme qui complimente son mari pour un beau coup au golf pourrait clore sa phrase en faisant une remarque à propos des jeux auxquels ils pourraient se livrer s'ils avaient les douches du club à leur entière disposition.

Souvenez-vous que les fantasmes que vous mettez en commun ne décrivent pas forcément des choses que vous aimeriez faire réellement. Ce sont des songes éveillés, rien de plus. Vous les avez eus ensemble et ils n'ont pas nui à votre relation. Partager vos fantasmes ne vous causera pas de tort aussi longtemps que vous accepterez le fantasme de votre partenaire sans ressentiment et que vous partagerez le vôtre sans gêne ni culpabilité. À mesure que vous serez plus à l'aise pour vous confier vos pensées secrètes, les inhibitions qui ont, au début, complètement bloqué toute possibilité de communication disparaîtront. Il en résultera que vous et votre partenaire commencerez à apprendre l'un de l'autre des choses dont vous ne vous étiez jamais doutés. Vous disposerez assez vite d'un véritable répertoire de fantasmes. Chacun de vous essayera probablement de rehausser les fantasmes existants en y ajoutant des images érotiques ou en les utilisant comme bases d'un nouveau fantasme. Quand ceci arrive, il est important que vous vous consultiez afin de savoir ce que pense l'autre de cette nouvelle idée. Il faut observer l'autre pour savoir si les nouveaux éléments introduits ont un effet stimulant, et rester sensible aux réactions positives comme aux positions négatives.

Il n'est pas indispensable non plus de participer à la narration *et* à l'écoute. Dans certains couples, c'est toujours le même partenaire qui parle alors que dans d'autres, on alterne. Mais que vous soyez le narrateur ou l'auditeur, la chose la plus importante demeure la communication. Quand votre conjoint décrit un fantasme, faites-lui comprendre quels sont les passages de son récit qui vous plaisent, et quels sont ceux qui ne vous plaisent pas. Quand vous racontez, soyez prêt à changer de direction au moindre signe de gêne de votre partenaire.

Les fantasmes sont des images que nous envoie notre esprit. Votre fantasme est votre image. Essayez de choisir des mots qui donneront à votre partenaire une image aussi vivante que celle que vous visualisez. Pour autant que vous partagiez le même type d'excitation, il n'est pas indispensable pour lui ou pour elle de voir exactement ce que vous voyez.

Laissez le fantasme partagé devenir une forme de jeu sexuel que vous apprécierez autant dans votre chambre qu'en dehors. Quand, dans votre voiture, vous vous décrivez mutuellement des images érotiques, les personnes se trouvant dans les véhicules qui vous précèdent ou qui vous suivent n'auront pas la moindre idée de ce qui se passe entre vous. Vous pouvez continuer la conversation autour de la table du restaurant, puis une fois revenus, dans la voiture. Vous pouvez la poursuivre une fois rentrés, en vous désha-

billant, et jusque dans votre lit. Rien ne vous oblige à cesser
tant que vous n'en aurez pas vraiment envie.

Tôt ou tard, il est fort possible que l'un de vous — ou les
deux — trouve attirante la possibilité de vivre réellement son
fantasme préféré. Comme les couples du chapitre précédent
l'ont découvert, l'issue d'une telle expérience peut être heureuse, mais elle peut aussi être désastreuse. Pensez-y sérieusement et discutez-en avec franchise avant de vous lancer
dans une telle aventure.

Il y a des choses que vous aimeriez faire ensemble, mais
qui vous sont interdites par des circonstances indépendantes
de votre volonté. Le fantasme partagé devient alors le substi-
tut d'une réalité qui est hors de votre portée. Vous adorez
l'idée de faire l'amour près de votre piscine, par exemple,
mais ne l'avez jamais fait à cause de vos voisins. Mais si ces
voisins déménagent, ou que quelque autre circonstance vous
permette de réaliser votre expérience imaginaire, la réalité
pourrait bien dépasser le fantasme au niveau des sensations.

Souvenez-vous cependant qu'il n'est pas toujours facile
de prédire comment vous ou votre partenaire réagirez à telle
ou telle expérience particulière. Certains fantasmes sont tirés
de choses qu'aucun de vous n'a véritablement envie de faire.
Partager des fantasmes vous permet de faire l'expérience de
tels plaisirs sans pour autant devoir en supporter les effets
négatifs. L'idée de participer à une orgie avec des dizaines
d'étrangers est peut-être très excitante, par exemple, mais
vous ne pouvez néanmoins nier que vous seriez horrifié de
voir votre partenaire faire l'amour avec une autre personne.
Réaliser ce type de fantasme pourrait détruire votre relation.

Dans le fantasme, chaque chose prend la tournure que
nous lui donnons. Nous en avons le contrôle. Si notre imagination dérape, nous pouvons supprimer tel détail et le remplacer par tel autre. La réalité n'est, quant à elle, pas si facile
à manipuler. Quant un rocher commence à rouler, il est parfois difficile de l'arrêter. Avant de vivre l'un de ses fantasmes,
chacun des partenaires doit explorer profondément les dispositions de l'autre. S'il existe le moindre risque que cet acte
cause un certain tort à l'un des deux conjoints, l'idée doit
être écartée, voire abandonnée.

La réalité peut être encore meilleure que le fantasme, pour autant que les deux partenaires éprouvent à ce sujet les mêmes sentiments. Pour en être certain, le couple doit avoir une discussion très sérieuse au cours de laquelle seront passés en revue tous les aspects de la réalité et toutes les impressions personnelles. La discussion ne doit pas se dérouler pendant que les partenaires fantasment ou font l'amour, mais à la lumière du jour, quand la raison est à même de prendre le dessus sur la passion. Même là, il devrait être convenu que chacun des partenaires peut changer d'avis quand il le veut — et même une fois l'action commencée.

En outre, une attention particulière devrait être portée à ces points de détail qui pourront devenir extrêmement gênants par la suite. Rêver de faire l'amour dans un pré verdoyant peut être merveilleux aussi longtemps qu'il n'y a pas de fourmis dans le rêve. Mais il ne fait aucun doute que dans la réalité, l'herbe en est pleine.

Soyez prudent: vivre vos fantasmes peut être risqué. Avant de prendre de tels risques, parlez-en. Assurez-vous que c'est quelque chose que vous voulez réellement vivre, que vous connaissez bien les différences qui existent entre la réalité et l'imagination.

Avoir des fantasmes et les partager avec quelqu'un que l'on aime ne comporte que peu de dangers. La série de fantasmes contenus dans ce livre peut vous aider à démarrer. Choisissez-en un que vous aimez particulièrement, et demandez à votre partenaire s'il lui plaît aussi. Parlez-en tout en le lisant ensemble. Ne vous contentez pas de le résumer, mais dites pourquoi il vous excite, et encouragez votre partenaire à en faire autant. Si vous vous faites mutuellement confiance, vous ne tarderez pas à improviser, à l'arranger selon vos goûts. Vous pourrez éventuellement en faire l'un de vos secrets d'alcôve.

Celui qui suit est l'un des nôtres.

＊＊＊＊

Notre livre attire l'attention d'un groupe de terroristes militants qui nous kidnappent et nous amènent dans leur camp, au cœur de la forêt. Ce sont des partisans de l'amour libre qui projettent de renverser l'actuel gouvernement et de le remplacer par une «sexocratie». Leur camp semble sortir tout droit du monde de Robin des bois. Des groupes de gens nus festoient; le vin coule à flots des fûts de chêne.

Nous sommes enfermés dans une grande cage au milieu d'une clairière. On nous a ôté nos vêtements. Pour le plaisir de nos ravisseurs, nous sommes couchés nus, sans défense, au fond de la cage. Plusieurs hommes et femmes approchent de la cage et font entendre des rires pervers. Une des femmes presse son visage contre les barreaux et se met à nous fixer en se léchant les lèvres. Sa poitrine est énorme, avec des mamelons bruns qui entrent immédiatement en érection.

Un des hommes s'en approche par derrière, presse son pénis contre les fesses de la femme et l'encercle de ses bras. Il prend sa poitrine dans ses mains et commence à la malaxer, à faire rouler dans ses doigts les grosses pointes sombres. Elle soupire, presse son derrière contre lui et passe sa main entre ses jambes pour saisir son scrotum.

Un autre homme regarde à l'intérieur de la cage et se caresse le sexe tout en se dirigeant vers le couple qui se contorsionne. Il continue de se caresser d'une main pendant que, de l'autre, il se met à pétrir la toison de la femme. Lentement, elle se laisse glisser sur le sol, attirant le second homme sur elle. Nous la regardons prendre son pénis dans sa main et le guider vers sa vulve.

Aussitôt qu'il est en elle, il se met à la labourer furieusement, enfonçant son sexe de plus en plus profondément. Un instant plus tard, ils roulent sur le sol. Elle est sur lui. Son gros cul blanc s'agite sauvagement. L'autre homme tombe à genoux et écarte les fesses de la femme, livrant aux regards le trou humide et noir de son anus.

L'homme s'avance et pose le bout de son organe gonflé sur l'orifice étroit, et commence à décrire des petits cercles avec les hanches. Nous le voyons s'enfoncer dans l'anus millimètre par millimètre. Quand le gland est complètement rentré, il donne un bon coup de rein, s'enfonçant de toute sa longueur dans les boyaux de la femme. Elle gémit d'extase tandis que tous trois se balancent au rythme de leur désir ardent.

Au moment où leurs corps se mélangent, d'autres groupes de terroristes commencent à affluer vers la cage. Ils nous observent, puis regardent le trio. Ils sont réunis par groupes de deux, trois, quatre, et même cinq individus. Les bouches et les parties génitales s'assemblent en d'inimaginables combinaisons. L'air est rempli de leurs cris et de l'odeur de leur passion. Même nous qui sommes en cage, nous ne pouvons faire autrement que partager leur excitation contagieuse.

Les fêtards observent les autres groupes en se livrant à leur danse érotique. Chaque groupe semble contaminé par l'excitation des autres. Ils semblent agir autant pour qu'on les voie que pour eux-mêmes. Ils sont passés maîtres dans l'art du plaisir sexuel et de l'exhibition érotique.

Pendant que les autres roulent sur le sol dans des étreintes passionnées, le chef s'arrête devant la cage. Il est grand et puissant, avec une érection massive. «Votre seul espoir de quitter cet endroit, dit-il, c'est de nous distraire. Vous allez nous donner un spectacle encore meilleur que celui que nous vous donnons. Si vous n'y parvenez pas, vous serez nos esclaves pour toujours. Si vous réussissez, vous serez libres.»

Table des matières

LES ÉDITIONS DE L'HOMME

Ouvrages parus aux
Éditions de l'Homme

Affaires et vie pratique

* **30 jours pour mieux organiser...**, Gary Holland
* **Acheter et vendre sa maison ou son condominium**, Lucille Brisebois
* **Acheter une franchise**, Pierre Levasseur
* **Les assemblées délibérantes**, Francine Girard
* **La bourse**, Mark C. Brown
* **Le chasse-insectes dans la maison**, Odile Michaud
* **Le chasse-insectes pour jardins**, Odile Michaud
  Le chasse-taches, Jack Cassimatis
* **Choix de carrières — Après le collégial professionnel**, Guy Milot
* **Choix de carrières — Après le secondaire V**, Guy Milot
* **Choix de carrières — Après l'université**, Guy Milot
* **Comment cultiver un jardin potager**, Jean-Claude Trait
  Comment rédiger son curriculum vitæ, Julie Brazeau
* **Comprendre le marketing**, Pierre Levasseur
  Des pierres à faire rêver, Lucie Larose
* **Devenir exportateur**, Pierre Levasseur
  L'étiquette des affaires, Elena Jankovic
* **Faire son testament soi-même**, Me Gérald Poirier et Martine Nadeau Lescault
  Les finances, Laurie H. Hutzler
  Gérer ses ressources humaines, Pierre Levasseur
  Le gestionnaire, Marian Colwell
  La graphologie, Claude Santoy
* **Le guide complet du jardinage**, Charles L. Wilson
* **Le guide de l'auto 92**, Denis Duquet et Marc Lachapelle
* **Le guide des bars de Montréal**, Lili Gulliver
* **Le guide des bons restaurants de Montréal et d'ailleurs**, Josée Blanchette
  Guide du savoir-écrire, Jean-Paul Simard
* **Le guide du vin 92**, Michel Phaneuf
* **Le guide floral du Québec**, Florian Bernard
  Guide pratique des vins de France, Jacques Orhon
  J'aime les azalées, Josée Deschênes
* **J'aime les bulbes d'été**, Sylvie Regimbal
  J'aime les cactées, Claude Lamarche
* **J'aime les conifères**, Jacques Lafrenière
* **J'aime les petits fruits rouges**, Victor Berti
  J'aime les rosiers, René Pronovost
  J'aime les tomates, Victor Berti
  J'aime les violettes africaines, Robert Davidson
  J'apprends l'anglais..., Gino Silicani et Jeanne Grisé-Allard
  Le jardin d'herbes, John Prenis
* **Je me débrouille en aménagement intérieur**, Daniel Bouillon et Claude Boisvert
* **Lancer son entreprise**, Pierre Levasseur
  Le leadership, James J. Cribbin
  Le livre de l'étiquette, Marguerite du Coffre
* **La loi et vos droits**, Me Paul-Émile Marchand
  Le meeting, Gary Holland

Affaires publiques, vie culturelle, histoire

Animaux

Cuisine et nutrition

Plein air, sports, loisirs

Psychologie, vie affective, vie professionnelle, sexualité

Le syndrome de la fatigue chronique, Edmund Blair Bolles
Le syndrome de la corde au cou, Sonya Rhodes et Marlin S. Potash
La tendresse, Nobert Wölfl
Tout se joue avant la maternelle, Masaru Ibuka
Transformer ses faiblesses en forces, Dr Harold Bloomfield
Travailler devant un écran, Dr Helen Feeley
* Un second souffle, Diane Hébert
Vouloir c'est pouvoir, Raymond Hull

Santé, beauté

30 jours pour avoir de beaux ongles, Patricia Bozic
30 jours pour cesser de fumer, Gary Holland et Herman Weiss
30 jours pour perdre son ventre (pour hommes), Roy Matthews et Nancy Burstein
* L'ablation de la vésicule biliaire, Jean-Claude Paquet
Alzheimer — Le long crépuscule, Donna Cohen et Carl Eisdorfer
L'arthrite, Dr Michael Reed Gach
Charme et sex-appeal au masculin, Mireille Lemelin
* Comment arrêter de fumer pour de bon, Kieron O'Connor, Robert Langlois et Yves
    Lamontagne
Comment devenir et rester mince, Dr Gabe Mirkin
De belles jambes à tout âge, Dr Guylaine Lanctôt
Dormez comme un enfant, John Selby
Dos fort bon dos, David Imrie et Lu Barbuto
Être belle pour la vie, Bronwen Meredith
Le guide complet des cheveux, Philip Kingsley
L'hystérectomie, Suzanne Alix
Initiation au shiatsu, Yuki Rioux
Maigrir: la fin de l'obsession, Susie Orbach
Le manuel Johnson & Johnson des premiers soins, Dr Stephen Rosenberg
Les maux de tête chroniques, Antonia Van Der Meer
Maux de tête et migraines, Dr Jacques P. Meloche et J. Dorion
Mini-massages, Jack Hofer
Perdre son ventre en 30 jours, Nancy Burstein
Principe de la technique respiratoire, Julie Lefrançois
Programme XBX de l'aviation royale du Canada, Collectif
Le régime hanches et cuisses, Rosemary Conley
Le rhume des foins, Roger Newman Turner
Ronfleurs, réveillez-vous!, Jocelyne Delage et Jacques Piché
Savoir relaxer — Pour combattre le stress, Dr Edmund Jacobson
Soignez vos pieds, Dr Glenn Copeland et Stan Solomon
Le supermassage minute, Gordon Inkeles
Le syndrome prémenstruel, Dr Caroline Shreeve
Vivre avec l'alcool, Louise Nadeau

le jour,
éditeur

Ouvrages parus au Jour

Affaires, loisirs, vie pratique

L'affrontement, Henri Lamoureux
* Auberges et relais de campagne du Québec, François Trépanier
Les bains flottants, Michael Hutchison
* La bibliothèque des enfants, Dominique Demers
Bien s'assurer, Carole Boudreault et André Lafrance
Le bridge, Denis Lesage
Le cœur de la baleine bleue, Jacques Poulin
Conte pour buveurs attardés, Michel Tremblay
* La France à la québécoise, André Bergeron et Émile Roberge
* Le guide du répondeur bien branché, Robert Blondin et Lucie Dumoulin
J'avais oublié que l'amour fût si beau, Évette Doré-Joyal
Jean-Paul ou les hasards de la vie, Marcel Bellier
Oslovik fait la bombe, Oslovik

Ésotérisme, santé, spiritualité

L'astrologie pratique, Wofgang Reinicke
Couper du bois, porter de l'eau — Comment donner une dimension spirituelle à la
    vie de tous les jours, Collectif
Le grand livre de la cartomancie, Gerhard von Lentner
Grand livre des horoscopes chinois, Theodora Lau
Grossesses à risque et infertilité — Les solutions possibles, Diana Raab
Les hormones dans la vie des femmes, Dr Lois Javanovic et
    Genell J. Subak-Sharpe
Les maladies mentales, John M. Cleghorn et Betty Lou Lee
Pour en finir avec l'hystérectomie, Dr Vicki Hufnagel et Susan K. Golant
Le tao de longue vie, Chee Soo
Traité d'astrologie, Huguette Hirsig

Essais et documents

17 tableaux d'enfant, Pierre Vadeboncoeur
* L'accord, Georges Mathews
L'administration et le développement coopératif, Marcel Laflamme et
    André Roy
À la recherche d'un monde oublié, N. Laurin, D. Juteau et L. Duchesne
* Les années Trudeau — La recherche d'une société juste, T. S. Axworthy et
    P. E. Trudeau
* Le Canada aux enchères, Linda McQuaid
Carmen Quintana te parle de liberté, André Jacob
Le Dragon d'eau, R. F. Holland
* Élise Chapdelaine, Marielle Denis
* Elle sera poète, elle aussi! Liliane Blanc
En première ligne, Jocelyn Coulon

Psychologie, vie affective, vie professionnelle, sexualité

La mémoire à tout âge, Ladislaus S. Dereskey
Le miracle de votre esprit, Dr Joseph Murphy
Négocier — entre vaincre et convaincre, Dr Tessa Albert Warschaw
Nos crimes imaginaires, Lewis Engel et Tom Ferguson
Nouvelles relations entre hommes et femmes, Herb Goldberg
On n'a rien pour rien, Raymond Vincent
Option vérité, Will Schutz
L'oracle de votre subconscient, Joseph Murphy
Parents gagnants, Luree Nicholson et Laura Torbet
Parlez pour qu'on vous écoute, Michèle Brien
*La personnalité, Léo Buscaglia
Le pouvoir de la motivation intérieure, Shad Helmstetter
Le pouvoir de votre cerveau, Barbara B. Brown
Le principe de la projection, George Weinberg et Dianne Rowe
La psychologie de la maternité, Jane Price
La puissance de la pensée positive, Norman Vincent Peale
La puissance de votre subconscient, Dr Joseph Murphy
Réfléchissez et devenez riche, Napoleon Hill
S'aimer ou le défi des relations humaines, Léo Buscaglia
Savoir quand quitter, Jack Barranger
Les secrets de la communication, Richard Bandler et John Grinder
La sexualité expliquée aux adolescents, Yves Boudreau
Le succès par la pensée constructive, Napoleon Hill
La survie du couple, John Wright
Tous les hommes le font, Michel Dorais
Triomphez de vous-même et des autres, Dr Joseph Murphy
Un homme au dessert, Sonya Friedman
Uniques au monde!, Jeanette Biondi
Vivre avec les imperfections de l'autre, Dr Louis H. Janda
Vivre avec passion, David Gershon et Gail Straub
Vivre avec son anxiété, Isaac M. Marks
Votre corps vous parle, écoutez-le, Henry G. Tietze
Votre talon d'Achille, Dr Harold Bloomfield

* Pour l'Amérique du Nord seulement

Achevé   Imprimerie
d'imprimer   Gagné Ltée
au Canada   Louiseville